읽고 쓰고 마음에 새기는 필사 노트

데살로니가전후서 · 디모데전후서

디도서 · 빌레몬서

읽고 쓰고 마음에 새기는 필사 노트

믿음 안에 굳게 서라

데살로니가전후서
디모데전후서
디 도 서
빌 레 몬 서

바울서신 4

PAUL'S LETTER 4

새번역 · 영문 NLT 성경

북스원
BOOKSONE

| 책을 열며 |

바울서신에는

성도들을 향한 지극한 사랑이 녹아 있습니다.

이단의 공격과 세상의 유혹이 불어와도 성도들이

믿음 안에서 굳건히 이기고 승리하길 기도하고 있습니다.

〈읽고 쓰고 마음에 새기는 필사 노트〉를 통해

하나님을 만나길 소망합니다.

믿음의 반석 위에 든든히 서길 기도합니다.

'나의 레마 노트'에는 필사를 통해 감동 받거나

적고 싶은 묵상을 써 보세요.

데살로니가전서

1

〈인사〉

1 바울과 실루아노와 디모데가 하나님 아버지와 주 예수 그리스도 안에 있는 데살로니
가 사람의 교회에 이 편지를 씁니다. 은혜와 평화가 여러분에게 있기를 빕니다.

〈데살로니가 교인들의 믿음과 모범〉

2 우리는 여러분 모두를 두고 언제나 하나님께 감사를 드립니다. 우리는 기도할 때에 여
러분을 기억하고 있습니다.
3 또 우리는 하나님 우리 아버지 앞에서 여러분의 믿음의 행위와 사랑의 수고와 우리
주 예수 그리스도께 둔 소망을 굳게 지키는 인내를 언제나 기억하고 있습니다.
4 하나님의 사랑을 받은 형제자매 여러분, 우리는 하나님께서 여러분을 택하여 주셨음
을 알고 있습니다.
5 우리는 여러분에게 복음을 말로만 전한 것이 아니라, 능력과 성령과 큰 확신으로 전하
였습니다. 우리가 여러분 [가운데서], 여러분을 위하여, 어떻게 처신하였는지를, 여러
분은 알고 있습니다.

1 This letter is from Paul, Silas, and Timothy. We are writing to the church in Thessalo-
nica, to you who belong to God the Father and the Lord Jesus Christ. May God give
you grace and peace.
2 We always thank God for all of you and pray for you constantly.
3 As we pray to our God and Father about you, we think of your faithful work, your
loving deeds, and the enduring hope you have because of our Lord Jesus Christ.
4 We know, dear brothers and sisters, that God loves you and has chosen you to be his
own people.
5 For when we brought you the Good News, it was not only with words but also with
power, for the Holy Spirit gave you full assurance that what we said was true. And you
know of our concern for you from the way we lived when we were with you.

•나의 레마 노트•

1

6 여러분은 많은 환난을 당하면서도 성령께서 주시는 기쁨으로 말씀을 받아들여서, 우
리와 주님을 본받는 사람이 되었습니다.
7 그리하여 여러분은 마케도니아와 아가야에 있는 모든 신도들에게 모범이 되었습니다.
8 주님의 말씀이 여러분으로부터 마케도니아와 아가야에만 울려 퍼진 것이 아니라, 하
나님을 향한 여러분의 믿음에 대한 소문이 각처에 두루 퍼졌습니다. 그러므로 이것을
두고는 우리가 더 말할 필요가 없습니다.
9 그들은 우리를 두고 이야기합니다. 우리가 여러분을 찾아갔을 때에 여러분이 우리를
어떻게 영접했는지, 어떻게 해서 여러분이, 우상을 버리고 하나님께로 돌아와서 살아
계시고 참되신 하나님을 섬기며,
10 또 하나님께서 죽은 사람들 가운데서 살리신 그 아들 곧 장차 내릴 진노에서 우리를
건져 주실 예수께서 하늘로부터 오시기를 기다리는지를, 그들은 말합니다.

6 So you received the message with joy from the Holy Spirit in spite of the severe suf-
fering it brought you. In this way, you imitated both us and the Lord.
7 As a result, you have become an example to all the believers in Greece - throughout
both Macedonia and Achaia.
8 And now the word of the Lord is ringing out from you to people everywhere, even
beyond Macedonia and Achaia, for wherever we go we find people telling us about
your faith in God. We don't need to tell them about it,
9 for they keep talking about the wonderful welcome you gave us and how you turned
away from idols to serve the living and true God.
10 And they speak of how you are looking forward to the coming of God's Son from
heaven - Jesus, whom God raised from the dead. He is the one who has rescued us
from the terrors of the coming judgment.

•나의 레마 노트•

2

〈데살로니가에서 벌인 바울의 사역〉

1 형제자매 여러분, 우리가 여러분을 찾아간 것이 헛되지 않은 줄을, 여러분이 알고 있습니다.

2 여러분이 아는 바와 같이, 우리가 전에 빌립보에서 고난과 모욕을 당하였으나 심한 반대 속에서도 하나님 안에서 담대하게 하나님의 복음을 여러분에게 전하였습니다.

3 우리의 권면은 잘못된 생각이나 불순한 마음이나 속임수로 하는 것이 아닙니다.

4 우리는 하나님께 검정을 받아서, 맡은 그대로 복음을 전합니다. 우리가 이렇게 하는 것은 사람의 환심을 사려고 하는 것이 아니라, 우리의 마음을 살피시는 하나님을 기쁘게 해 드리려고 하는 것입니다.

5 여러분이 아는 대로, 우리는 어느 때든지, 아첨하는 말을 한 일이 없고, 구실을 꾸며서 탐욕을 부린 일도 없습니다. 이 일은 하나님께서 증언하여 주십니다.

6 우리는 또한, 여러분에게서든 다른 사람에게서든, 사람에게서는 영광을 구한 일이 없습니다.

1 You yourselves know, dear brothers and sisters, that our visit to you was not a failure.

2 You know how badly we had been treated at Philippi just before we came to you and how much we suffered there. Yet our God gave us the courage to declare his Good News to you boldly, in spite of great opposition.

3 So you can see we were not preaching with any deceit or impure motives or trickery.

4 For we speak as messengers approved by God to be entrusted with the Good News. Our purpose is to please God, not people. He alone examines the motives of our hearts.

5 Never once did we try to win you with flattery, as you well know. And God is our witness that we were not pretending to be your friends just to get your money!

6 As for human praise, we have never sought it from you or anyone else.

데살로니가전서 2:1-6

•나의 레마 노트•

7 물론 우리는 그리스도의 사도로서, 권위를 주장할 수도 있었습니다. 그러나 우리는 여
러분 가운데서, 마치 어머니가 자기 자녀를 돌보듯이 유순하게 처신하였습니다.
8 우리는 이처럼 여러분을 사모하여, 여러분에게 하나님의 복음을 나누어 줄 뿐만 아니
라, 우리 목숨까지도 기쁘게 내줄 생각이었습니다. 그것은 여러분이 우리에게 사랑을
받는 사람이 되었기 때문입니다.
9 형제자매 여러분, 여러분은 우리의 수고와 고생을 기억하고 있을 것입니다. 우리는 여
러분 가운데 아무에게도 폐를 끼치지 아니하려고, 밤낮으로 일을 하면서 하나님의 복
음을 여러분에게 전파하였습니다.
10 또, 신도 여러분을 대할 때에, 우리가 얼마나 경건하고 올바르고 흠 잡힐 데가 없이 처
신하였는지는, 여러분이 증언하고, 또 하나님께서도 증언하십니다.
11 여러분이 아는 바와 같이, 아버지가 자기 자녀에게 하듯이, 우리는 여러분 하나하나를
대합니다.

7 As apostles of Christ we certainly had a right to make some demands of you, but in-
stead we were like children among you. Or we were like a mother feeding and caring
for her own children.
8 We loved you so much that we shared with you not only God's Good News but our
own lives, too.
9 Don't you remember, dear brothers and sisters, how hard we worked among you?
Night and day we toiled to earn a living so that we would not be a burden to any of
you as we preached God's Good News to you.
10 You yourselves are our witnesses - and so is God - that we were devout and honest
and faultless toward all of you believers.
11 And you know that we treated each of you as a father treats his own children.

데살로니가전서 2:7-11

•나의 레마 노트•

2

12 우리는 여러분을 권면하고 격려하고 경고합니다마는, 그것은 여러분을 부르셔서 당신
의 나라와 영광에 이르게 하시는 하나님께 합당하게 살아가게 하려는 것입니다.
13 우리가 하나님께 끊임없이 감사하는 것은, 여러분이 우리에게서 하나님의 말씀을 받을
때에, 사람의 말로 받아들이지 아니하고, 실제 그대로, 하나님의 말씀으로 받아들였기
때문입니다. 이 하나님의 말씀은 또한, 신도 여러분 가운데서 살아 움직이고 있습니다.
14 형제자매 여러분, 여러분은 그리스도 예수 안에서 유대에 있는 하나님의 교회들을 본
받는 사람이 되었습니다. 그들이 유대 사람에게서, 고난을 받은 것과 같이, 여러분도
여러분의 동족에게서 똑같은 고난을 받았습니다.
15 유대 사람은 주 예수와 예언자를 죽이고, 우리를 내쫓고, 하나님을 기쁘게 해 드리지
않고, 모든 사람에게 적대자가 되었습니다.
16 그들은 우리가 이방 사람에게 말씀을 전해서 구원을 얻게 하려는 일까지도 방해하고
있습니다. 그리하여 그들은 자기들의 죄의 분량을 채웁니다. 마침내 하나님의 진노가
그들에게 이르렀습니다.

12 We pleaded with you, encouraged you, and urged you to live your lives in a way that
God would consider worthy. For he called you to share in his Kingdom and glory.
13 Therefore, we never stop thanking God that when you received his message from us,
you didn't think of our words as mere human ideas. You accepted what we said as the
very word of God - which, of course, it is. And this word continues to work in you who
believe.
14 And then, dear brothers and sisters, you suffered persecution from your own country-
men. In this way, you imitated the believers in God's churches in Judea who, because
of their belief in Christ Jesus, suffered from their own people, the Jews.
15 For some of the Jews killed the prophets, and some even killed the Lord Jesus. Now
they have persecuted us, too. They fail to please God and work against all humanity
16 as they try to keep us from preaching the Good News of salvation to the Gentiles. By
doing this, they continue to pile up their sins. But the anger of God has caught up
with them at last.

•나의 레마 노트•

〈바울이 데살로니가에 다시 가기를 원하다〉

17 형제자매 여러분, 우리가 잠시 여러분을 떠난 것은 얼굴이요, 마음은 아닙니다. 우리는
얼굴을 마주하고 여러분을 볼 수 있기를 간절히 바라고 있습니다.
18 그러므로 우리는 여러분에게로 가고자 하였고, 특히 나 바울은 한두 번 가고자 하였습
니다. 그러나 사탄이 우리를 방해하였습니다.
19 우리 주 예수께서 오실 때에, 그분 앞에서, 우리의 희망이나 기쁨이나 자랑할 면류관
이 무엇이겠습니까? 그것은 여러분이 아니겠습니까?
20 여러분이야말로 우리의 영광이요, 기쁨입니다.

17 Dear brothers and sisters, after we were separated from you for a little while (though
our hearts never left you), we tried very hard to come back because of our intense
longing to see you again.
18 We wanted very much to come to you, and I, Paul, tried again and again, but Satan
prevented us.
19 After all, what gives us hope and joy, and what will be our proud reward and crown as
we stand before our Lord Jesus when he returns? It is you!
20 Yes, you are our pride and joy.

•나의 레마 노트•

3

1 그러므로, 우리는 참다 못하여, 우리만 아테네에 남아 있기로 하고,
2 우리의 형제요, 그리스도의 복음을 전하는 하나님의 일꾼인 디모데를 여러분에게로
보냈습니다. 그것은, 그가 여러분을 굳건하게 하고, 여러분의 믿음을 격려하여,
3 아무도 이러한 온갖 환난 가운데서 흔들리지 않게 하려는 것입니다. 여러분도 아는 대
로, 우리는 이런 환난을 당하게 되어 있습니다.
4 우리가 여러분과 함께 있을 때에, 장차 우리가 환난을 당하게 되리라는 것을 여러분에
게 미리 말하였는데, 과연 그렇게 되었고, 여러분은 그것을 알고 있습니다.
5 그러므로 내가 참다 못하여, 여러분의 믿음을 알아 보려고, 그를 보냈습니다. 그것은,
유혹하는 자가 여러분을 유혹하여 우리의 수고를 헛되게 하지 못하게 하려는 것이었
습니다.
6 그런데 지금 디모데가 여러분에게서 우리에게로 돌아와서, 여러분의 믿음과 사랑의 기
쁜 소식을 전하여 주었습니다. 또, 여러분이 우리를 늘 좋게 생각하고 있어서, 우리가
여러분을 간절히 보고 싶어하는 것과 같이, 여러분도 우리를 간절히 보고 싶어한다고
전하여 주었습니다.

1 Finally, when we could stand it no longer, we decided to stay alone in Athens,
2 and we sent Timothy to visit you. He is our brother and God's co-worker in proclaim-
ing the Good News of Christ. We sent him to strengthen you, to encourage you in
your faith,
3 and to keep you from being shaken by the troubles you were going through. But you
know that we are destined for such troubles.
4 Even while we were with you, we warned you that troubles would soon come - and
they did, as you well know.
5 That is why, when I could bear it no longer, I sent Timothy to find out whether your
faith was still strong. I was afraid that the tempter had gotten the best of you and
that our work had been useless.
6 But now Timothy has just returned, bringing us good news about your faith and love.
He reports that you always remember our visit with joy and that you want to see us
as much as we want to see you.

•나의 레마 노트•

3

7 그러므로 형제자매 여러분, 우리는 여러분을 보고, 우리의 모든 곤경과 환난 가운데서
도, 여러분의 믿음으로 말미암아 위로를 받았습니다.
8 여러분이 주님 안에 굳게 서 있으면, 이제 우리가 살아 있는 셈이기 때문입니다.
9 우리가 우리 하나님 앞에서, 여러분 때문에 누리는 모든 기쁨을 두고, 여러분을 생각
해서, 하나님께 어떠한 감사를 드려야 하겠습니까?
10 우리는 여러분의 얼굴을 볼 수 있기를, 또 여러분의 믿음에 부족한 것을 보충하여 줄
수 있기를 밤낮으로 간절히 빌고 있습니다.
11 하나님 우리 아버지와 우리 주 예수께서 우리의 길을 친히 열어 주셔서, 우리를 여러
분에게로 가게 해 주시기를 간구합니다.
12 또, 우리가 여러분을 사랑하는 것과 같이, 주님께서 여러분끼리 서로 나누는 사랑과
모든 사람에게 베푸는 여러분의 사랑을 풍성하게 하고, 넘치게 해 주시기를 빕니다.
13 그래서 주님께서 여러분의 마음을 굳세게 하셔서, 우리 주 예수께서 자기의 모든 성도
들과 함께 오실 때에, 하나님 우리 아버지 앞에서 거룩함에 흠 잡힐 데가 없게 해 주
시기를 빕니다.

7 So we have been greatly encouraged in the midst of our troubles and suffering, dear
brothers and sisters, because you have remained strong in your faith.
8 It gives us new life to know that you are standing firm in the Lord.
9 How we thank God for you! Because of you we have great joy as we enter God's pres-
ence.
10 Night and day we pray earnestly for you, asking God to let us see you again to fill the
gaps in your faith.
11 May God our Father and our Lord Jesus bring us to you very soon.
12 And may the Lord make your love for one another and for all people grow and over-
flow, just as our love for you overflows.
13 May he, as a result, make your hearts strong, blameless, and holy as you stand before
God our Father when our Lord Jesus comes again with all his holy people. Amen.

•나의 레마 노트•

〈하나님을 기쁘게 해 드리는 생활〉

1 그러므로 형제자매 여러분, 끝으로 우리는 주 예수 안에서 여러분에게 부탁하며 권면
합니다. 여러분은 어떻게 살아야 하며, 어떻게 하나님을 기쁘게 해 드려야 할 것인지
를, 우리에게서 배운 대로 하고 있으니, 더욱 그렇게 하십시오.
2 우리가 주 예수의 이름으로 무슨 지시를 여러분에게 내렸는지를, 여러분은 알고 있
습니다.
3 하나님의 뜻은 여러분이 성결하게 되는 것입니다. 여러분은 음행을 멀리하여야 합
니다.
4 각 사람은 자기 아내를 거룩함과 존중함으로 대할 줄 알아야 합니다.
5 하나님을 알지 못하는 이방 사람과 같이, 색욕에 빠져서는 안됩니다.
6 또 이런 일에 탈선을 하거나 자기 교우를 해하거나 하지 말아야 합니다. 우리가 여러
분에게 전에도 말하고 경고한 대로, 주님께서는 이런 모든 일을 징벌하시는 분이시기
때문입니다.

1 Finally, dear brothers and sisters, we urge you in the name of the Lord Jesus to live
in a way that pleases God, as we have taught you. You live this way already, and we
encourage you to do so even more.
2 For you remember what we taught you by the authority of the Lord Jesus.
3 God's will is for you to be holy, so stay away from all sexual sin.
4 Then each of you will control his own body and live in holiness and honor -
5 not in lustful passion like the pagans who do not know God and his ways.
6 Never harm or cheat a Christian brother in this matter by violating his wife, for the
Lord avenges all such sins, as we have solemnly warned you before.

•나의 레마 노트•

4

7 하나님께서 우리를 불러 주신 것은, 더러움에 빠져 살게 하시려는 것이 아니라, 거룩함
에 이르게 하시려는 것입니다.
8 그러므로 이 경고를 저버리는 사람은, 사람을 저버리는 것이 아니라, 여러분에게 성령
을 주시는 하나님을 저버리는 것입니다.
9 교우들에 대한 사랑을 두고서는, 여러분에게 더 쓸 필요가 없겠습니다. 여러분이 직접
하나님께로부터 서로 사랑하라고 하시는 가르침을 받아서,
10 온 마케도니아에 있는 모든 형제자매에게 그것을 실행하고 있기 때문입니다. 형제자매
여러분, 우리는 여러분이 더욱더 그렇게 하기를 권면합니다.
11 그리고 우리가 여러분에게 명령한 대로, 조용하게 살기를 힘쓰고, 자기 일에 전념하고,
자기 손으로 일을 하십시오.
12 그리하여 여러분은 바깥 사람을 대하여 품위 있게 살아가야 하고, 또 아무에게도 신
세를 지는 일이 없도록 해야 할 것입니다.

7 God has called us to live holy lives, not impure lives.
8 Therefore, anyone who refuses to live by these rules is not disobeying human teach-
ing but is rejecting God, who gives his Holy Spirit to you.
9 But we don't need to write to you about the importance of loving each other, for God
himself has taught you to love one another.
10 Indeed, you already show your love for all the believers throughout Macedonia. Even
so, dear brothers and sisters, we urge you to love them even more.
11 Make it your goal to live a quiet life, minding your own business and working with
your hands, just as we instructed you before.
12 Then people who are not Christians will respect the way you live, and you will not
need to depend on others.

데살로니가전서 4:7-12

•나의 레마 노트•

〈주님의 재림과 죽은 사람의 부활〉

13 형제자매 여러분, 우리는 여러분이 잠든 사람의 문제를 모르고 지내는 것을 원하지
않습니다. 여러분은 소망을 가지지 못한 다른 사람들과 같이 슬퍼하지 않아야 할 것
입니다.
14 우리는 예수께서 죽으셨다가 살아나신 것을 믿습니다. 이와 같이 하나님께서 예수 안
에서 잠든 사람들도 예수와 함께 데리고 오실 것입니다.
15 우리는 주님의 말씀으로 여러분에게 이것을 말합니다. 주님께서 오실 때까지 살아 남
아 있는 우리가, 이미 잠든 사람들보다 결코 앞서지 못할 것입니다.
16 주님께서 호령과 천사장의 소리와 하나님의 나팔 소리와 함께 친히 하늘로부터 내려
오실 것이니, 그리스도 안에서 죽은 사람들이 먼저 일어나고,
17 그 다음에 살아 남아 있는 우리가 그들과 함께 구름 속으로 이끌려 올라가서, 공중에
서 주님을 영접할 것입니다. 이리하여 우리가 항상 주님과 함께 있을 것입니다.
18 그러므로 여러분은 이런 말로 서로 위로하십시오.

13 And now, dear brothers and sisters, we want you to know what will happen to the
believers who have died so you will not grieve like people who have no hope.
14 For since we believe that Jesus died and was raised to life again, we also believe that
when Jesus returns, God will bring back with him the believers who have died.
15 We tell you this directly from the Lord: We who are still living when the Lord returns
will not meet him ahead of those who have died.
16 For the Lord himself will come down from heaven with a commanding shout, with the
voice of the archangel, and with the trumpet call of God. First, the Christians who
have died will rise from their graves.
17 Then, together with them, we who are still alive and remain on the earth will be
caught up in the clouds to meet the Lord in the air. Then we will be with the Lord
forever.
18 So encourage each other with these words.

•나의 레마 노트•

5

1 형제자매 여러분, 그 때와 시기를 두고서는 여러분에게 더 쓸 필요가 없겠습니다.
2 주님의 날이 밤에 도둑처럼 온다는 것을, 여러분은 자세히 알고 있습니다.
3 사람들이 "평안하다, 안전하다" 하고 말할 그 때에, 아기를 밴 여인에게 해산의 진통이
오는 것과 같이, 갑자기 멸망이 그들에게 닥칠 것이니, 그것을 피하지 못할 것입니다.
4 그러나 형제자매 여러분, 여러분은 어둠 속에 있지 아니하므로, 그 날이 여러분에게
도둑과 같이 덮치지는 않을 것입니다.
5 여러분은 모두 빛의 자녀요, 낮의 자녀입니다. 우리는 밤이나 어둠에 속한 사람이 아
닙니다.
6 그러므로 우리는 다른 사람들처럼 잠자지 말고, 깨어 있으며, 정신을 차립시다.
7 잠자는 자들은 밤에 자고, 술에 취하는 자들도 밤에 취합니다.
8 그러나 우리는 낮에 속한 사람이므로, 정신을 차리고, 믿음과 사랑을 가슴막이 갑옷
으로 입고, 구원의 소망을 투구로 씁시다.

1 Now concerning how and when all this will happen, dear brothers and sisters, we
don't really need to write you.
2 For you know quite well that the day of the Lord's return will come unexpectedly, like
a thief in the night.
3 When people are saying, "Everything is peaceful and secure," then disaster will fall
on them as suddenly as a pregnant woman's labor pains begin. And there will be no
escape.
4 But you aren't in the dark about these things, dear brothers and sisters, and you
won't be surprised when the day of the Lord comes like a thief.
5 For you are all children of the light and of the day; we don't belong to darkness and
night.
6 So be on your guard, not asleep like the others. Stay alert and be clearheaded.
7 Night is the time when people sleep and drinkers get drunk.
8 But let us who live in the light be clearheaded, protected by the armor of faith and
love, and wearing as our helmet the confidence of our salvation.

•나의 레마 노트•

5

9 하나님께서는 우리를 진노하심에 이르도록 정하여 놓으신 것이 아니라, 우리 주 예수
그리스도로 말미암아 구원을 얻도록 정하여 놓으셨습니다.
10 그리스도께서 우리를 위하여 죽으신 것은, 우리가 깨어 있든지 자고 있든지, 그리스도
와 함께 살게 하시려는 것입니다.
11 그러므로 여러분은 지금도 그렇게 하는 것과 같이, 서로 격려하고, 서로 덕을 세우십
시오.

〈마지막 권고와 인사〉

12 형제자매 여러분, 우리는 여러분에게 부탁합니다. 여러분 가운데서 수고하며, 주님 안
에서 여러분을 지도하고 훈계하는 이들을 알아보십시오.
13 그들이 하는 일을 생각해서 사랑으로 그들을 극진히 존경하십시오. 여러분은 서로 화
목하게 지내십시오.

9 For God chose to save us through our Lord Jesus Christ, not to pour out his anger on
us.
10 Christ died for us so that, whether we are dead or alive when he returns, we can live
with him forever.
11 So encourage each other and build each other up, just as you are already doing.
12 Dear brothers and sisters, honor those who are your leaders in the Lord's work. They
work hard among you and give you spiritual guidance.
13 Show them great respect and wholehearted love because of their work. And live
peacefully with each other.

•나의 레마 노트•

5

14 형제자매 여러분, 여러분에게 권고합니다. 무질서하게 사는 사람을 훈계하고, 마음이
약한 사람을 격려하고, 힘이 없는 사람을 도와주고, 모든 사람에게 오래 참으십시오.
15 아무도 악으로 악을 갚지 말고, 도리어 서로에게, 모든 사람에게, 항상 좋은 일을 하려
고 애쓰십시오.
16 항상 기뻐하십시오.
17 끊임없이 기도하십시오.
18 모든 일에 감사하십시오. 이것이 그리스도 예수 안에서 여러분에게 바라시는 하나님의
뜻입니다.
19 성령을 소멸하지 마십시오.
20 예언을 멸시하지 마십시오.
21 모든 것을 분간하고, 좋은 것을 굳게 잡으십시오.
22 갖가지 모양의 악을 멀리 하십시오.

14 Brothers and sisters, we urge you to warn those who are lazy. Encourage those who
are timid. Take tender care of those who are weak. Be patient with everyone.
15 See that no one pays back evil for evil, but always try to do good to each other and to
all people.
16 Always be joyful.
17 Never stop praying.
18 Be thankful in all circumstances, for this is God's will for you who belong to Christ
Jesus.
19 Do not stifle the Holy Spirit.
20 Do not scoff at prophecies,
21 but test everything that is said. Hold on to what is good.
22 Stay away from every kind of evil.

데살로니가전서 5:14-22

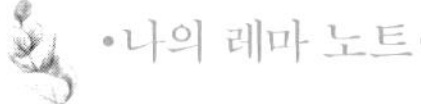

5

23 평화의 하나님께서 친히, 여러분을 완전히 거룩하게 해 주시고, 우리 주 예수 그리스도
께서 오실 때에 여러분의 영과 혼과 몸을 흠이 없이 완전하게 지켜 주시기를 빕니다.
24 여러분을 부르시는 분은 신실하시니, 이 일을 또한 이루실 것입니다.
25 형제자매 여러분, 우리를 위하여 기도해 주십시오.
26 거룩한 입맞춤으로 모든 믿는 사람들에게 문안해 주십시오.
27 나는 주님을 힘입어 여러분에게 명합니다. 모든 믿는 사람들에게 이 편지를 읽어 주십
시오.
28 우리 주 예수 그리스도의 은혜가 여러분과 함께 하기를 빕니다.

23 Now may the God of peace make you holy in every way, and may your whole spirit
and soul and body be kept blameless until our Lord Jesus Christ comes again.
24 God will make this happen, for he who calls you is faithful.
25 Dear brothers and sisters, pray for us.
26 Greet all the brothers and sisters with Christian love.
27 I command you in the name of the Lord to read this letter to all the brothers and sis-
ters.
28 May the grace of our Lord Jesus Christ be with you.

•나의 레마 노트•

데살로니가후서

1

〈인사〉

1 바울과 실루아노와 디모데가 하나님 우리 아버지와 주 예수 그리스도 안에 있는 데살
로니가 사람의 교회에 이 편지를 씁니다.
2 하나님 아버지와 주 예수 그리스도께서 내려주시는 은혜와 평화가 여러분에게 있기를
빕니다.

〈그리스도의 재림 때에 있을 심판〉

3 형제자매 여러분, 우리는 여러분을 두고 언제나 하나님께 감사를 드릴 수밖에 없습니
다. 그렇게 하는 것이 당연한 일이니, 그것은, 여러분의 믿음이 크게 자라고, 여러분 모
두가 각자 서로에게 베푸는 사랑이 더욱 풍성해 가고 있기 때문입니다.
4 그러므로 우리는 온갖 박해와 환난 가운데서도 여러분이 간직한 그 인내와 믿음을 두
고서 하나님의 여러 교회에서 여러분을 자랑하고 있습니다.

1 This letter is from Paul, Silas, and Timothy. We are writing to the church in Thessaloni-
ca, to you who belong to God our Father and the Lord Jesus Christ.
2 May God our Father and the Lord Jesus Christ give you grace and peace.
3 Dear brothers and sisters, we can't help but thank God for you, because your faith is
flourishing and your love for one another is growing.
4 We proudly tell God's other churches about your endurance and faithfulness in all the
persecutions and hardships you are suffering.

•나의 레마 노트•

1

5 이 일은 하나님의 공의로운 심판의 표이니, 하나님께서 여러분을 하나님 나라에 합당
한 사람이 되게 하시려고 주신 것입니다. 여러분은 참으로 그 나라를 위하여 고난을
당하고 있습니다.
6 하나님은 공의를 베푸십니다. 여러분을 괴롭히는 자들에게는 괴로움으로 갚아주시고,
7 괴로움을 받는 여러분에게는 우리와 함께 안식으로 갚아주십니다. 이 일은 주 예수께
서 자기의 권능 있는 천사들과 함께 하늘로부터
8 불꽃에 싸여 나타나셔서 하나님을 알지 못하는 자들과 우리 주 예수의 복음에 순종
하지 않는 자들을 처벌하실 때에 일어날 것입니다.
9 그들은 주님 앞과 주님의 권능의 영광에서 떨어져 나가서, 영원히 멸망하는 형벌을 받
을 것입니다.

5 And God will use this persecution to show his justice and to make you worthy of his
Kingdom, for which you are suffering.
6 In his justice he will pay back those who persecute you.
7 And God will provide rest for you who are being persecuted and also for us when the
Lord Jesus appears from heaven. He will come with his mighty angels,
8 in flaming fire, bringing judgment on those who don't know God and on those who
refuse to obey the Good News of our Lord Jesus.
9 They will be punished with eternal destruction, forever separated from the Lord and
from his glorious power.

•나의 레마 노트•

1

10 그 날에 주님께서 오시면, 자기 성도들에게서 영광을 받으시고, 모든 믿는 사람에게서
찬사를 받으실 것입니다. 여러분은, 우리가 여러분에게 전한 증거를 믿었습니다.
11 그러므로 우리가 언제나 여러분을 위하여 기도합니다. 그것은 우리 하나님께서 여러분
을 그의 부르심에 합당한 사람이 되게 해 주시며 또 그의 능력으로 모든 선한 뜻과 믿
음의 행위를 완성해 주시기를 비는 것입니다.
12 이렇게 해서 우리 하나님과 주 예수 그리스도의 은혜로 우리 주 예수의 이름이 여러분
에게서 영광을 받고, 여러분도 그리스도 안에서 영광을 받게 하려는 것입니다.

10 When he comes on that day, he will receive glory from his holy people - praise from all
who believe. And this includes you, for you believed what we told you about him.
11 So we keep on praying for you, asking our God to enable you to live a life worthy
of his call. May he give you the power to accomplish all the good things your faith
prompts you to do.
12 Then the name of our Lord Jesus will be honored because of the way you live, and you
will be honored along with him. This is all made possible because of the grace of our
God and Lord, Jesus Christ.

•나의 레마 노트•

2

〈불법자〉

1 형제자매 여러분, 우리 주 예수 그리스도께서 다시 오시는 일과 우리가 그분 앞에 모
이는 일을 두고 여러분에게 간청합니다.
2 여러분은, 영이나 말이나 우리에게서 받았다고 하는 편지에 속아서, 주님의 날이 벌써
왔다고 생각하게 되어, 마음이 쉽게 흔들리거나 당황하는 일이 없도록 하십시오.
3 여러분은 아무에게도 어떤 방식으로도 속아넘어가지 마십시오. 그 날이 오기 전에 먼
저 믿음을 배신하는 일이 생기고, 불법자 곧 멸망의 자식이 나타날 것입니다.
4 그는 신이라고 불리는 모든 것이나 예배의 대상이 되는 모든 것에 대항하고, 그들 위
로 자기를 높이는 자인데, 하나님의 성전에 앉아서, 자기가 하나님이라고 주장할 것입
니다.
5 내가 여러분과 함께 있을 때에, 이런 일을 여러분에게 거듭 말했다는 것을 기억하지
못합니까?

1 Now, dear brothers and sisters, let us clarify some things about the coming of our
Lord Jesus Christ and how we will be gathered to meet him.
2 Don't be so easily shaken or alarmed by those who say that the day of the Lord has
already begun. Don't believe them, even if they claim to have had a spiritual vision, a
revelation, or a letter supposedly from us.
3 Don't be fooled by what they say. For that day will not come until there is a great
rebellion against God and the man of lawlessness is revealed - the one who brings
destruction.
4 He will exalt himself and defy everything that people call god and every object of
worship. He will even sit in the temple of God, claiming that he himself is God.
5 Don't you remember that I told you about all this when I was with you?

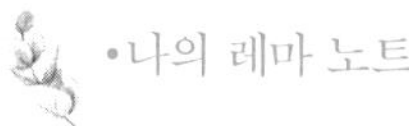
•나의 레마 노트•

2

6 여러분이 아는 대로, 그자가 지금은 억제를 당하고 있지만, 그의 때가 오면 나타날 것
입니다.
7 불법의 비밀이 벌써 작동하고 있습니다. 다만, 억제하시는 분이 물러나실 때까지는, 그
것을 억제하실 것입니다.
8 그 때에 불법자가 나타날 터인데, 주 [예수]께서 그 입김으로 그를 죽이실 것이고, 그
오시는 광경의 광채로 그를 멸하실 것입니다.
9 그 불법자의 나타남은 사탄의 작용에 따른 것인데, 그는 온갖 능력과 표징과 거짓 이
적을 행하고,
10 또 온갖 불의한 속임수로 멸망을 받을 자들을 속일 것입니다. 그것은, 멸망을 받을 자
들이 자기를 구원하여 줄 진리에 대한 사랑을 받아들이지 않기 때문입니다.
11 그러므로 하나님께서는 미혹하게 하는 힘을 그들에게 보내셔서, 그들로 하여금 거짓을
믿게 하십니다.
12 그것은, 진리를 믿지 않고 불의를 기뻐한 모든 사람들에게 심판을 내리시려는 것입
니다.

6 And you know what is holding him back, for he can be revealed only when his time
comes.
7 For this lawlessness is already at work secretly, and it will remain secret until the one
who is holding it back steps out of the way.
8 Then the man of lawlessness will be revealed, but the Lord Jesus will kill him with the
breath of his mouth and destroy him by the splendor of his coming.
9 This man will come to do the work of Satan with counterfeit power and signs and
miracles.
10 He will use every kind of evil deception to fool those on their way to destruction,
because they refuse to love and accept the truth that would save them.
11 So God will cause them to be greatly deceived, and they will believe these lies.
12 Then they will be condemned for enjoying evil rather than believing the truth.

데살로니가후서 2:6-12

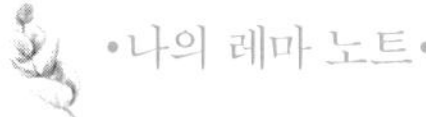

•나의 레마 노트•

2

〈훈시〉

13 주님의 사랑을 받는 형제자매 여러분, 우리는 여러분의 일로 언제나 하나님께 감사하
지 않을 수 없습니다. 하나님께서는 여러분을 성령으로 거룩하게 하시고, 진리를 믿게
하여 구원에 이르게 하시려고, 처음부터 여러분을 택하여 주셨기 때문입니다.
14 이렇게 되게 하시려고, 하나님께서는 우리의 복음으로 여러분을 부르시고, 여러분에게
우리 주 예수 그리스도의 영광을 얻게 하셨습니다.
15 그러므로 형제자매 여러분, 든든히 서서, 우리의 말이나 편지로 배운 전통을 굳게 지키
십시오.
16 우리를 사랑하시고 은혜로 영원한 위로와 선한 소망을 주시는 하나님 우리 아버지와
우리 주 예수 그리스도께서, 친히,
17 여러분의 마음을 격려하시고, 모든 선한 일과 말에 굳세게 해 주시기를 빕니다.

13 As for us, we can't help but thank God for you, dear brothers and sisters loved by the
Lord. We are always thankful that God chose you to be among the first to experience
salvation - a salvation that came through the Spirit who makes you holy and through
your belief in the truth.
14 He called you to salvation when we told you the Good News; now you can share in the
glory of our Lord Jesus Christ.
15 With all these things in mind, dear brothers and sisters, stand firm and keep a strong
grip on the teaching we passed on to you both in person and by letter.
16 Now may our Lord Jesus Christ himself and God our Father, who loved us and by his
grace gave us eternal comfort and a wonderful hope,
17 comfort you and strengthen you in every good thing you do and say.

•나의 레마 노트•

3

〈바랍니다〉

1 마지막으로 형제자매 여러분, 주님의 말씀이 여러분에게 퍼진 것과 같이, 각처에 속히 퍼져서, 영광스럽게 되도록, 우리를 위해서 기도해 주십시오.

2 또 우리가 심술궂고 악한 사람에게서 벗어나도록 기도해 주십시오. 사람마다 믿음을 가지고 있는 것이 아닙니다.

3 그러나 주님께서는 신실하신 분이시므로, 여러분을 굳세게 하시고, 악한 자에게서 지켜 주십니다.

4 우리가 명령한 것을 여러분이 지금도 실행하고 있고, 또 앞으로도 실행하리라는 것을, 우리는 주님 안에서 확신하고 있습니다.

5 주님께서 여러분의 마음을 인도하셔서, 여러분이, 하나님께서 사랑하시는 것과 같이 사랑하고, 그리스도께서 인내하시는 것과 같이 인내하기를 바랍니다.

1 Finally, dear brothers and sisters, we ask you to pray for us. Pray that the Lord's message will spread rapidly and be honored wherever it goes, just as when it came to you.

2 Pray, too, that we will be rescued from wicked and evil people, for not everyone is a believer.

3 But the Lord is faithful; he will strengthen you and guard you from the evil one.

4 And we are confident in the Lord that you are doing and will continue to do the things we commanded you.

5 May the Lord lead your hearts into a full understanding and expression of the love of God and the patient endurance that comes from Christ.

•나의 레마 노트•

3

〈게으름을 경고하다〉

6 형제자매 여러분, 우리는 [우리] 주 예수 그리스도의 이름으로 여러분에게 명령합니다.
무절제하게 살고 우리에게서 받은 전통을 따르지 않는 모든 신도를 멀리하십시오.
7 우리를 어떻게 본받아야 하는지는 여러분이 잘 알고 있습니다. 우리는 여러분 가운데
서 무절제한 생활을 한 일이 없습니다.
8 우리는 아무에게서도 양식을 거저 얻어먹은 일이 없고, 도리어 여러분 가운데서 어느
누구에게도 짐이 되지 않으려고, 수고하고 고생하면서 밤낮으로 일하였습니다.
9 그것은, 우리에게 권리가 없어서가 아니라, 우리가 여러분에게 본을 보여서, 여러분으
로 하여금 우리를 본받게 하려는 것입니다.
10 우리가 여러분과 함께 있을 때에 "일하기를 싫어하는 사람은 먹지도 말라" 하고 거듭
명하였습니다.
11 그런데 우리가 들으니, 여러분 가운데는 무절제하게 살면서, 일은 하지 않고, 일을 만들
기만 하는 사람이 더러 있다고 합니다.

6 And now, dear brothers and sisters, we give you this command in the name of our
Lord Jesus Christ: Stay away from all believers who live idle lives and don't follow the
tradition they received from us.
7 For you know that you ought to imitate us. We were not idle when we were with you.
8 We never accepted food from anyone without paying for it. We worked hard day and
night so we would not be a burden to any of you.
9 We certainly had the right to ask you to feed us, but we wanted to give you an exam-
ple to follow.
10 Even while we were with you, we gave you this command: "Those unwilling to work
will not get to eat."
11 Yet we hear that some of you are living idle lives, refusing to work and meddling in
other people's business.

•나의 레마 노트•

3

12 이런 사람들에게, 우리는 주 예수 그리스도 안에서 명하며, 또 권면합니다. 조용히 일
해서, 자기가 먹을 것을 자기가 벌어서 먹으십시오.
13 형제자매 여러분, 선한 일을 하다가 낙심하지 마십시오.
14 누가 이 편지에 담긴 우리의 말에 복종하지 아니하거든, 그 사람을 특별히 조심하여,
그와 사귀지 마십시오. 그리하여 그로 하여금 부끄러움을 느끼게 하십시오.
15 그러나 그를 원수처럼 여기지 말고, 형제자매에게 하듯이 타이르십시오.

〈축복〉

16 평화의 주님께서 친히 언제나 어느 방식으로든지, 여러분에게 평화를 주시기를 빕니다.
주님께서 여러분 모두와 함께 하시기를 빕니다.
17 나 바울이 친필로 문안합니다. 이것이 모든 편지에 서명하는 표요, 내가 편지를 쓰는
방식입니다.
18 우리 주 예수 그리스도의 은혜가 여러분 모두에게 있기를 빕니다.

12 We command such people and urge them in the name of the Lord Jesus Christ to
settle down and work to earn their own living.
13 As for the rest of you, dear brothers and sisters, never get tired of doing good.
14 Take note of those who refuse to obey what we say in this letter. Stay away from them
so they will be ashamed.
15 Don't think of them as enemies, but warn them as you would a brother or sister.
16 Now may the Lord of peace himself give you his peace at all times and in every situa-
tion. The Lord be with you all.
17 HERE IS MY GREETING IN MY OWN HANDWRITING - PAUL. I DO THIS IN ALL MY
LETTERS TO PROVE THEY ARE FROM ME.
18 May the grace of our Lord Jesus Christ be with you all.

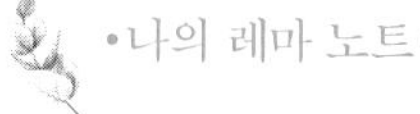
•나의 레마 노트•

디모데전서

1

〈인사〉

1 우리의 구주이신 하나님과 우리의 소망이신 그리스도 예수의 명령으로 그리스도 예
수의 사도가 된 나 바울이,
2 믿음 안에서 나의 참 아들이 된 디모데에게 이 편지를 씁니다. 하나님 아버지와 우리
주 그리스도 예수께서 내려주시는 은혜와 자비와 평화가 그대에게 있기를 바랍니다.

〈거짓 교훈을 경고하다〉

3 내가 마케도니아로 떠날 때에, 그대에게 에베소에 머물러 있으라고 부탁하였습니다.
그것은, 그대가 거기에서 어떤 사람들로 하여금 다른 교리를 가르치지 못하도록 명령
하고,
4 신화와 끝없는 족보 이야기에 정신을 팔지 못하도록 명령하려는 것입니다. 그러한 것
들은 믿음 안에 세우신 하나님의 경륜을 이루기보다는, 도리어 쓸데없는 변론을 일으
킬 뿐입니다.

1 This letter is from Paul, an apostle of Christ Jesus, appointed by the command of God
our Savior and Christ Jesus, who gives us hope.
2 I am writing to Timothy, my true son in the faith. May God the Father and Christ Jesus
our Lord give you grace, mercy, and peace.
3 When I left for Macedonia, I urged you to stay there in Ephesus and stop those whose
teaching is contrary to the truth.
4 Don't let them waste their time in endless discussion of myths and spiritual pedi-
grees. These things only lead to meaningless speculations, which don't help people
live a life of faith in God.

•나의 레마 노트•

1

5 이 명령의 목적은 깨끗한 마음과 선한 양심과 거짓 없는 믿음에서 우러나오는 사랑을
불러일으키는 것입니다.
6 그런데 몇몇 사람은 이러한 목적에서 벗어나서 쓸데없는 토론에 빠졌습니다.
7 그들은 율법교사가 되려고 하지만, 사실은 자기들이 무엇을 말하고 있는지 또는 무엇
을 주장하고 있는지도 알지 못합니다.
8 우리가 알기로 율법은, 사람이 그것을 적법하게 사용하면, 선한 것입니다.
9 율법이 제정된 것은, 의로운 사람 때문이 아니라, 법을 어기는 자와, 순종하지 않는 자
와, 경건하지 않은 자와, 죄인과, 거룩하지 않은 자와, 속된 자와, 아비를 살해하는 자
와, 어미를 살해하는 자와, 살인자와,
10 간음하는 자와, 남색하는 자와, 사람을 유괴하는 자와, 거짓말하는 자와, 거짓 맹세를
하는 자와, 그 밖에도, 무엇이든지 건전한 교훈에 배치되는 일 때문임을 우리는 압니다.
11 건전한 교훈은, 복되신 하나님의 영광스러운 복음에 맞는 것이어야 합니다. 나는 이 복
음을 선포할 임무를 맡았습니다.

5 The purpose of my instruction is that all believers would be filled with love that comes
from a pure heart, a clear conscience, and genuine faith.
6 But some people have missed this whole point. They have turned away from these
things and spend their time in meaningless discussions.
7 They want to be known as teachers of the law of Moses, but they don't know what
they are talking about, even though they speak so confidently.
8 We know that the law is good when used correctly.
9 For the law was not intended for people who do what is right. It is for people who are
lawless and rebellious, who are ungodly and sinful, who consider nothing sacred and
defile what is holy, who kill their father or mother or commit other murders.
10 The law is for people who are sexually immoral, or who practice homosexuality, or are
slave traders, liars, promise breakers, or who do anything else that contradicts the
wholesome teaching
11 that comes from the glorious Good News entrusted to me by our blessed God.

•나의 레마 노트•

1

〈은혜를 감사하라〉

12 나는 나에게 능력을 주신 우리 주 그리스도 예수께 감사를 드립니다. 주님께서 나를
신실하게 여기셔서, 나에게 이 직분을 맡겨 주셨습니다.
13 내가 전에는 훼방자요 박해자요 폭행자였습니다. 그러나 그러한 행동은 내가 믿지 않
을 때에 알지 못하고 한 것이므로, 하나님께서 나에게 자비를 베풀어 주셨습니다.
14 우리 주님께서 나에게 은혜를 넘치게 부어 주셔서, 그리스도 예수 안에서 얻는 믿음과
사랑을 누리게 하셨습니다.
15 그리스도 예수께서 죄인을 구원하시려고 세상에 오셨다고 하는 이 말씀은 믿음직하
고, 모든 사람이 받아들일 만한 말씀입니다. 나는 죄인의 우두머리입니다.
16 그러나 하나님께서는 나에게 자비를 베푸셨습니다. 그 뜻은 그리스도 예수께서 끝없
이 참아 주심의 한 사례를 먼저 나에게서 드러내 보이심으로써, 앞으로 예수를 믿고
영생을 얻으려고 하는 사람들의 본보기로 삼으시려는 것입니다.

12 I thank Christ Jesus our Lord, who has given me strength to do his work. He consid-
ered me trustworthy and appointed me to serve him,
13 even though I used to blaspheme the name of Christ. In my insolence, I persecuted
his people. But God had mercy on me because I did it in ignorance and unbelief.
14 Oh, how generous and gracious our Lord was! He filled me with the faith and love that
come from Christ Jesus.
15 This is a trustworthy saying, and everyone should accept it: "Christ Jesus came into
the world to save sinners" - and I am the worst of them all.
16 But God had mercy on me so that Christ Jesus could use me as a prime example of his
great patience with even the worst sinners. Then others will realize that they, too, can
believe in him and receive eternal life.

디모데전서 1:12-16

•나의 레마 노트•

17 영원하신 왕, 곧 없어지지도 않고 보이지도 않는, 오직 한 분이신 하나님께 존귀와 영
광이 영원 무궁토록 있기를 빕니다. 아멘.
18 아들 된 디모데여, 이전에 그대에 관하여 내린 예언을 따라 내가 이 명령을 그대에게
내립니다. 그대는 그 예언대로 선한 싸움을 싸우고,
19 믿음과 선한 양심을 가지십시오. 어떤 사람들은 선한 양심을 버리고, 그 신앙 생활에
파선을 당하였습니다.
20 그렇게 된 사람 가운데 두 사람이 바로 후메내오와 알렉산더입니다. 나는 그들을 사탄
에게 넘겨주었습니다. 그것은 내가 그들을 응징해서, 다시는 하나님을 모독하지 못하
게 하려고 한 것이었습니다.

17 All honor and glory to God forever and ever! He is the eternal King, the unseen one
who never dies; he alone is God. Amen.
18 Timothy, my son, here are my instructions for you, based on the prophetic words spo-
ken about you earlier. May they help you fight well in the Lord's battles.
19 Cling to your faith in Christ, and keep your conscience clear. For some people have
deliberately violated their consciences; as a result, their faith has been shipwrecked.
20 Hymenaeus and Alexander are two examples. I threw them out and handed them
over to Satan so they might learn not to blaspheme God.

•나의 레마 노트•

2

〈기도에 대한 가르침〉

1 그러므로 나는 무엇보다도 먼저, 모든 사람을 위해서 하나님께 간구와 기도와 중보 기
도와 감사 기도를 드리라고 그대에게 권합니다.
2 왕들과 높은 지위에 있는 모든 사람을 위해서도 기도하십시오. 그것은 우리가 경건하
고 품위 있게, 조용하고 평화로운 생활을 하기 위함입니다.
3 이것은 우리 구주 하나님께서 보시기에 좋은 일이며, 기쁘게 받으실 만한 일입니다.
4 하나님께서는 모든 사람이 다 구원을 얻고 진리를 알게 되기를 원하십니다.
5 하나님은 한 분이시요, 하나님과 사람 사이의 중보자도 한 분이시니, 곧 사람이신 그
리스도 예수이십니다.
6 그분은 모든 사람을 위해서 자기를 대속물로 내주셨습니다. 하나님께서 꼭 적절한 때
에 그 증거를 주셨습니다.
7 나는 이것을 증언하도록 선포자와 사도로 임명을 받아 믿음과 진리로 이방 사람을 가
르치는 교사가 되었습니다. 나는 지금 참말을 하지, 거짓말을 하지 않습니다.

1 I urge you, first of all, to pray for all people. Ask God to help them; intercede on their
behalf, and give thanks for them.
2 Pray this way for kings and all who are in authority so that we can live peaceful and
quiet lives marked by godliness and dignity.
3 This is good and pleases God our Savior,
4 who wants everyone to be saved and to understand the truth.
5 For there is only one God and one Mediator who can reconcile God and humanity -
the man Christ Jesus.
6 He gave his life to purchase freedom for everyone. This is the message God gave to
the world at just the right time.
7 And I have been chosen as a preacher and apostle to teach the Gentiles this message
about faith and truth. I'm not exaggerating - just telling the truth.

디모데전서 2:1-7

•나의 레마 노트•

2

8 그러므로 나는, 남자들이 화를 내거나 말다툼을 하는 일이 없이, 모든 곳에서 거룩한
손을 들어 기도하기를 바랍니다.
9 이와 같이 여자들도 소박하고 정숙하게 단정한 옷차림으로 몸을 꾸미기 바랍니다. 머
리를 어지럽게 꾸미거나 금붙이나 진주나 값비싼 옷으로 치장하지 말고,
10 하나님을 공경하는 여자에게 어울리게, 착한 행실로 치장하기를 바랍니다.
11 여자는 조용히, 언제나 순종하는 가운데 배워야 합니다.
12 여자가 가르치거나 남자를 지배하는 것을 나는 허락하지 않습니다. 여자는 조용해야
합니다.
13 사실, 아담이 먼저 지으심을 받고, 그 다음에 하와가 지으심을 받았습니다.
14 아담이 속임을 당한 것이 아니라, 여자가 속임을 당하고 죄에 빠진 것입니다.
15 그러나 여자가 믿음과 사랑과 거룩함을 지니고, 정숙하게 살면, 아이를 낳는 일로 구원
을 얻을 것입니다.

8 In every place of worship, I want men to pray with holy hands lifted up to God, free
from anger and controversy.
9 And I want women to be modest in their appearance. They should wear decent and
appropriate clothing and not draw attention to themselves by the way they fix their
hair or by wearing gold or pearls or expensive clothes.
10 For women who claim to be devoted to God should make themselves attractive by
the good things they do.
11 Women should learn quietly and submissively.
12 I do not let women teach men or have authority over them. Let them listen quietly.
13 For God made Adam first, and afterward he made Eve.
14 And it was not Adam who was deceived by Satan. The woman was deceived, and sin
was the result.
15 But women will be saved through childbearing, assuming they continue to live in faith,
love, holiness, and modesty.

•나의 레마 노트•

3

1 이 말은 옳습니다.

〈감독의 자격〉

어떤 사람이 감독의 직분을 맡고 싶어하면, 그는 훌륭한 일을 바란다고 하겠습니다.
2 그러므로 감독은, 책망할 것이 없으며, 한 아내의 남편이며, 절제하며, 신중하며, 단정
하며, 나그네를 대접하며, 가르치기를 잘하며,
3 술을 즐기지 아니하며, 난폭하지 아니하고 너그러우며, 다투지 아니하며, 돈을 사랑하
지 아니하며,
4 자기 가정을 잘 다스리며, 언제나 위엄을 가지고 자녀들을 순종하게 하는 사람이라야
합니다.
5 (자기 가정을 다스릴 줄 모르는 사람이 어떻게 하나님의 교회를 돌볼 수 있겠습니까?)
6 또 새로 입교한 사람도 안 됩니다. 그리하면 그가 교만해져서, 마귀가 받을 심판에 떨
어질 위험이 있습니다.

1 This is a trustworthy saying: "If someone aspires to be an elder, he desires an honor-
able position."
2 So an elder must be a man whose life is above reproach. He must be faithful to his
wife. He must exercise self-control, live wisely, and have a good reputation. He must
enjoy having guests in his home, and he must be able to teach.
3 He must not be a heavy drinker or be violent. He must be gentle, not quarrelsome,
and not love money.
4 He must manage his own family well, having children who respect and obey him.
5 For if a man cannot manage his own household, how can he take care of God's
church?
6 An elder must not be a new believer, because he might become proud, and the devil
would cause him to fall.

•나의 레마 노트•

3

7 감독은 또한, 교회 밖의 사람들에게도 좋은 평판을 받는 사람이라야 합니다. 그래야
그가 비방을 받지 않으며, 악마의 올무에 걸리지 않을 것입니다.

〈집사의 자격〉

8 이와 같이 집사들도, 신중하며, 한 입으로 두 말을 하지 아니하며, 술에 탐닉하지 아니
하며, 부정한 이득을 탐내지 아니하며,
9 믿음의 비밀을 깨끗한 양심에 간직한 사람이라야 합니다.
10 이런 사람들을 먼저 시험하여 보고, 책망 받을 일이 없으면, 집사의 일을 하게 하십
시오.
11 이와 같이 여자들도, 신중하며, 험담하지 아니하며, 절제하며, 모든 일에 성실한 사람이
라야 합니다.
12 집사들은 한 아내의 남편이며, 자녀와 자기 가정을 잘 다스리는 사람이라야 합니다.
13 집사의 직무를 잘 수행한 사람들은 좋은 지위를 얻게 되고, 그리스도 예수를 믿는 믿
음에 큰 확신을 얻게 됩니다.

7 Also, people outside the church must speak well of him so that he will not be dis-
graced and fall into the devil's trap.
8 In the same way, deacons must be well respected and have integrity. They must not
be heavy drinkers or dishonest with money.
9 They must be committed to the mystery of the faith now revealed and must live with
a clear conscience.
10 Before they are appointed as deacons, let them be closely examined. If they pass the
test, then let them serve as deacons.
11 In the same way, their wives must be respected and must not slander others. They
must exercise self-control and be faithful in everything they do.
12 A deacon must be faithful to his wife, and he must manage his children and household
well.
13 Those who do well as deacons will be rewarded with respect from others and will
have increased confidence in their faith in Christ Jesus.

•나의 레마 노트•

3

〈우리 종교의 비밀〉

14 내가 곧 그대에게 가기를 바라면서도, 이 편지로 이런 지시를 써 보내는 것은,
15 만일 내가 늦어지더라도, 하나님의 가족 가운데서 사람이 어떻게 처신해야 하는지를
그대가 알게 하려는 것입니다. 이 가족은 살아 계신 하나님의 교회요, 진리의 기둥과
터입니다.
16 이 경건의 비밀은 참으로 놀랍습니다. "그분은 육신으로 나타나시고, 성령으로 의롭다
는 인정을 받으셨습니다. 천사들에게 보이시고, 만국에 전파되셨습니다. 세상이 그분
을 믿었고, 그분은 영광에 싸여 들려 올라가셨습니다."

14 I am writing these things to you now, even though I hope to be with you soon,
15 so that if I am delayed, you will know how people must conduct themselves in the
household of God. This is the church of the living God, which is the pillar and founda-
tion of the truth.
16 Without question, this is the great mystery of our faith: Christ was revealed in a hu-
man body and vindicated by the Spirit. He was seen by angels and announced to the
nations. He was believed in throughout the world and taken to heaven in glory.

•나의 레마 노트•

4

〈거짓 교사〉

1 성령께서 환히 말씀하십니다. 마지막 때에, 어떤 사람들은 믿음에서 떠나, 속이는 영과 악마의 교훈을 따를 것입니다.

2 그러한 교훈은, 그 양심에 낙인이 찍힌 거짓말쟁이의 속임수에서 나오는 것입니다.

3 이런 자들은 혼인을 금하고, 어떤 음식물을 먹지 말라고 할 것입니다. 그러나 그 음식물은, 하나님께서, 믿는 사람과 진리를 아는 사람이 감사하는 마음으로 먹게 하시려고 만드신 것입니다.

4 하나님께서 지으신 것은 모두 다 좋은 것이요, 감사하는 마음으로 받으면, 버릴 것이 하나도 없습니다.

5 모든 것은 하나님의 말씀과 기도로 거룩해집니다.

1 Now the Holy Spirit tells us clearly that in the last times some will turn away from the true faith; they will follow deceptive spirits and teachings that come from demons.

2 These people are hypocrites and liars, and their consciences are dead.

3 They will say it is wrong to be married and wrong to eat certain foods. But God created those foods to be eaten with thanks by faithful people who know the truth.

4 Since everything God created is good, we should not reject any of it but receive it with thanks.

5 For we know it is made acceptable by the word of God and prayer.

•나의 레마 노트•

4

〈그리스도 예수의 좋은 일꾼〉

6 그대가 이런 교훈으로 형제자매를 깨우치면, 그대는 믿음의 말씀과 그대가 지금까지
좇고 있는 좋은 교훈으로 양육을 받아 그리스도 예수의 좋은 일꾼이 될 것입니다.
7 저속하고 헛된 꾸며낸 이야기들을 물리치십시오. 경건함에 이르도록 몸을 훈련하십시
오.
8 몸의 훈련은 약간의 유익이 있으나, 경건 훈련은 모든 면에 유익하니, 이 세상과 장차
올 세상의 생명을 약속해 줍니다.
9 이 말은 참말이요, 모든 사람이 받아들일 만한 말입니다.
10 우리가 모든 사람 특히 믿는 사람의 구주이신 살아 계신 하나님께 소망을 두므로, 우
리는 수고하며 애를 쓰고 있습니다.
11 그대는 이것들을 명령하고 가르치십시오.
12 아무도, 그대가 젊다고 해서, 그대를 업신여기지 못하게 하십시오. 도리어 그대는, 말과
행실과 사랑과 믿음과 순결에 있어서, 믿는 이들의 본이 되십시오.

6 If you explain these things to the brothers and sisters, Timothy, you will be a worthy
servant of Christ Jesus, one who is nourished by the message of faith and the good
teaching you have followed.
7 Do not waste time arguing over godless ideas and old wives' tales. Instead, train
yourself to be godly.
8 "Physical training is good, but training for godliness is much better, promising bene-
fits in this life and in the life to come."
9 This is a trustworthy saying, and everyone should accept it.
10 This is why we work hard and continue to struggle, for our hope is in the living God,
who is the Savior of all people and particularly of all believers.
11 Teach these things and insist that everyone learn them.
12 Don't let anyone think less of you because you are young. Be an example to all believ-
ers in what you say, in the way you live, in your love, your faith, and your purity.

•나의 레마 노트•

13 내가 갈 때까지, 성경을 읽는 일과 권면하는 일과 가르치는 일에 전념하십시오.
14 그대 속에 있는 은사, 곧 그대가 장로들의 안수를 받을 때에 예언을 통하여 그대에게
주신 그 은사를 소홀히 여기지 마십시오.
15 이 일들을 명심하고 힘써 행하십시오. 그리하여 그대가 발전하는 모습을 모든 사람에
게 나타나게 하십시오.
16 그대 자신과 그대의 가르침을 살피십시오. 이런 일을 계속하십시오. 이렇게 함으로써,
그대 자신도 구원하고, 그대의 말을 듣는 사람들도 구원할 것입니다.

13 Until I get there, focus on reading the Scriptures to the church, encouraging the be-
lievers, and teaching them.
14 Do not neglect the spiritual gift you received through the prophecy spoken over you
when the elders of the church laid their hands on you.
15 Give your complete attention to these matters. Throw yourself into your tasks so that
everyone will see your progress.
16 Keep a close watch on how you live and on your teaching. Stay true to what is right for
the sake of your own salvation and the salvation of those who hear you.

디모데전서 4:13-16

•나의 레마 노트•

5

〈신도를 대하는 태도〉

1 나이가 많은 이를 나무라지 말고, 아버지를 대하듯이 권면하십시오. 젊은 남자는 형제를 대하듯이 권면하십시오.

2 나이가 많은 여자는 어머니를 대하듯이 권면하고, 젊은 여자는 자매를 대하듯이, 오로지 순결한 마음으로 권면하십시오.

3 참 과부인 과부를 존대하십시오.

4 어떤 과부에게 자녀들이나 손자들이 있으면, 그들은 먼저 자기네 가족에게 종교상의 의무를 행하는 것을 배워야 하고, 어버이에게 보답하는 것을 배워야 합니다. 이것이 바로 하나님께서 그들에게 원하시는 일입니다.

5 참 과부로서 의지할 데가 없는 이는, 하나님께 소망을 두고, 밤낮으로 끊임없이 간구와 기도를 드립니다.

6 향락에 빠져서 사는 과부는, 살아 있으나 죽은 것입니다.

1 Never speak harshly to an older man, but appeal to him respectfully as you would to your own father. Talk to younger men as you would to your own brothers.

2 Treat older women as you would your mother, and treat younger women with all purity as you would your own sisters.

3 Take care of any widow who has no one else to care for her.

4 But if she has children or grandchildren, their first responsibility is to show godliness at home and repay their parents by taking care of them. This is something that pleases God.

5 Now a true widow, a woman who is truly alone in this world, has placed her hope in God. She prays night and day, asking God for his help.

6 But the widow who lives only for pleasure is spiritually dead even while she lives.

디모데전서 5:1-6

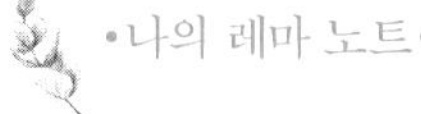
•나의 레마 노트•

7 그들에게 이런 것을 명령하여, 그들이 비난을 받는 일이 없도록 하십시오.
8 누구든지 자기 친척 특히 가족을 돌보지 않으면, 그는 벌써 믿음을 저버린 사람이요,
믿지 않는 사람보다 더 나쁜 사람입니다.
9 과부로 명부에 올릴 이는, 예순 살이 덜 되어서는 안되고, 한 남편의 아내였던 사람이
라야 합니다.
10 그는 착한 행실을 인정받는 사람이라야 하는데, 자녀를 잘 기르거나, 나그네를 잘 대
접하거나, 성도들을 자기 집에 모시거나, 어려움을 당한 사람을 도와주거나, 모든 선한
일에 몸을 바친 사람이라야 합니다.
11 젊은 과부는 명단에 올리는 것을 거절하십시오. 그들은, 그리스도를 거슬러 정욕에 이
끌리면 결혼을 하고 싶어할 것이고,
12 처음 서약을 저버렸기 때문에 비난을 받을 것입니다.

7 Give these instructions to the church so that no one will be open to criticism.
8 But those who won't care for their relatives, especially those in their own household,
have denied the true faith. Such people are worse than unbelievers.
9 A widow who is put on the list for support must be a woman who is at least sixty
years old and was faithful to her husband.
10 She must be well respected by everyone because of the good she has done. Has she
brought up her children well? Has she been kind to strangers and served other be-
lievers humbly? Has she helped those who are in trouble? Has she always been ready
to do good?
11 The younger widows should not be on the list, because their physical desires will over-
power their devotion to Christ and they will want to remarry.
12 Then they would be guilty of breaking their previous pledge.

•나의 레마 노트•

13 또한 그들은 이 집 저 집 돌아다니면서 빈둥거리는 것을 익힐 것입니다. 더욱이, 그들
은 빈둥거릴 뿐만 아니라, 수다를 떨고, 남의 일에 참견하고, 해서는 안 되는 말을 할
것입니다.
14 그러므로 젊은 과부들은 재혼을 해서, 아이를 낳고, 가정을 다스려서, 적대자들에게 비
방할 기회를 조금도 주지 말기를 바랍니다.
15 어떤 과부들은 이미 곁길로 나가서, 사탄을 따라갔습니다.
16 어떤 여신도의 집안에 과부들이 있거든, 그 여신도가 그들을 도와주어야 할 것이요,
교회에 짐을 지우지 말아야 할 것입니다. 그렇게 하여야 교회가 참 과부들을 도울 수
있을 것입니다.
17 잘 다스리는 장로들은 두 배로 존경을 받아야 합니다. 특히 말씀을 전파하는 일과 가
르치는 일에 수고하는 장로들은 더욱 그러하여야 합니다.
18 성경에 이르기를, "타작 마당에서 낟알을 밟아 떠는 소의 입에 망을 씌우지 말라" 하였
고, "일꾼이 자기 삯을 받는 것은 마땅하다" 하였습니다.

13 And if they are on the list, they will learn to be lazy and will spend their time gossiping
from house to house, meddling in other people's business and talking about things
they shouldn't.
14 So I advise these younger widows to marry again, have children, and take care of their
own homes. Then the enemy will not be able to say anything against them.
15 For I am afraid that some of them have already gone astray and now follow Satan.
16 If a woman who is a believer has relatives who are widows, she must take care of them
and not put the responsibility on the church. Then the church can care for the widows
who are truly alone.
17 Elders who do their work well should be respected and paid well, especially those
who work hard at both preaching and teaching.
18 For the Scripture says, "You must not muzzle an ox to keep it from eating as it treads
out the grain." And in another place, "Those who work deserve their pay!"

•나의 레마 노트•

19 장로에 대한 고발은 두 사람이나 세 사람의 증인이 없이는 받아들이지 마십시오.
20 죄를 짓는 사람을 모든 사람 앞에서 꾸짖어서, 나머지 사람들도 두려워하게 하십시오.
21 하나님과 그리스도 예수와 택하심을 받은 천사들 앞에서 내가 엄숙히 명령합니다. 그
대는 편견 없이 이것들을 지키고, 어떤 일이든지 공평하게 처리하십시오.
22 아무에게나 경솔하게 안수하지 마십시오. 남의 죄에 끼여들지 말고, 자기를 깨끗하게
지키십시오.
23 이제부터는 물만 마시지 말고, 위장과 잦은 병을 생각해서 포도주를 조금씩 쓰십시오.
24 어떤 사람들의 죄는 명백해서, 재판을 받기 전에 먼저 드러나고, 어떤 사람들의 죄는
나중에야 드러납니다.
25 이와 마찬가지로, 착한 행실도 드러나게 마련이고, 드러나지 않은 것도, 언제까지나 감
추어져 있지는 못합니다.

19 Do not listen to an accusation against an elder unless it is confirmed by two or three
witnesses.
20 Those who sin should be reprimanded in front of the whole church; this will serve as a
strong warning to others.
21 I solemnly command you in the presence of God and Christ Jesus and the highest an-
gels to obey these instructions without taking sides or showing favoritism to anyone.
22 Never be in a hurry about appointing a church leader. Do not share in the sins of oth-
ers. Keep yourself pure.
23 Don't drink only water. You ought to drink a little wine for the sake of your stomach
because you are sick so often.
24 Remember, the sins of some people are obvious, leading them to certain judgment.
But there are others whose sins will not be revealed until later.
25 In the same way, the good deeds of some people are obvious. And the good deeds
done in secret will someday come to light.

•나의 레마 노트•

6

1 종의 멍에를 메고 있는 사람은 자기 주인을 아주 존경할 분으로 여겨야 합니다. 그렇
게 하여야, 하나님의 이름과 우리의 가르침에 욕이 돌아가지 않을 것입니다.
2 신도인 주인을 섬기는 종들은, 그 주인이 신도라고 해서 가볍게 여겨서는 안됩니다. 오
히려, 주인을 더 잘 섬겨야 합니다. 왜냐하면, 이러한 섬김에서 이익을 얻는 이들이 동
료 신도요, 사랑하는 사람이기 때문입니다.

〈거짓 교훈과 참 부요〉

그대는 이런 것들을 가르치고 권하십시오.
3 누구든지 다른 교리를 가르치며, 우리 주 예수 그리스도의 건전한 말씀과 경건에 부합
되는 교훈을 따르지 않으면,
4 그는 이미 교만해져서, 아무것도 알지 못하면서, 논쟁과 말다툼을 일삼는 병이 든 사
람입니다. 그런 데서 시기와 분쟁과 비방과 악한 의심이 생깁니다.
5 그리고 마음이 썩고, 진리를 잃어서, 경건을 이득의 수단으로 생각하는 사람 사이에
끊임없는 알력이 생깁니다.

1 All slaves should show full respect for their masters so they will not bring shame on
the name of God and his teaching.
2 If the masters are believers, that is no excuse for being disrespectful. Those slaves
should work all the harder because their efforts are helping other believers who are
well loved. Teach these things, Timothy, and encourage everyone to obey them.
3 Some people may contradict our teaching, but these are the wholesome teachings of
the Lord Jesus Christ. These teachings promote a godly life.
4 Anyone who teaches something different is arrogant and lacks understanding. Such
a person has an unhealthy desire to quibble over the meaning of words. This stirs up
arguments ending in jealousy, division, slander, and evil suspicions.
5 These people always cause trouble. Their minds are corrupt, and they have turned
their backs on the truth. To them, a show of godliness is just a way to become
wealthy.

•나의 레마 노트•

6

6 자족할 줄 아는 사람에게는, 경건은 큰 이득을 줍니다.
7 우리는 아무것도 세상에 가지고 오지 않았으므로, 아무것도 가지고 떠나갈 수 없습
니다.
8 우리는 먹을 것과 입을 것이 있으면, 그것으로 만족해야 할 것입니다.
9 그러나 부자가 되기를 원하는 사람은, 유혹과 올무와 여러 가지 어리석고도 해로운 욕
심에 떨어집니다. 이런 것들은 사람을 파멸과 멸망에 빠뜨립니다.
10 돈을 사랑하는 것이 모든 악의 뿌리입니다. 돈을 좇다가, 믿음에서 떠나 헤매기도 하
고, 많은 고통을 겪기도 한 사람이 더러 있습니다.

〈믿음의 선한 싸움〉

11 하나님의 사람이여, 그대는 이 악한 것들을 피하십시오. 의와 경건과 믿음과 사랑과 인
내와 온유를 좇으십시오.

6 Yet true godliness with contentment is itself great wealth.
7 After all, we brought nothing with us when we came into the world, and we can't take
anything with us when we leave it.
8 So if we have enough food and clothing, let us be content.
9 But people who long to be rich fall into temptation and are trapped by many foolish
and harmful desires that plunge them into ruin and destruction.
10 For the love of money is the root of all kinds of evil. And some people, craving money,
have wandered from the true faith and pierced themselves with many sorrows.
11 But you, Timothy, are a man of God; so run from all these evil things. Pursue righ-
teousness and a godly life, along with faith, love, perseverance, and gentleness.

•나의 레마 노트•

12 믿음의 선한 싸움을 싸우십시오. 영생을 얻으십시오. 하나님께서는 영생을 얻게 하
시려고 그대를 부르셨고, 또 그대는 많은 증인들 앞에서 훌륭하게 신앙을 고백하였
습니다.
13 나는 만물에게 생명을 주시는 하나님 앞과, 본디오 빌라도에게 훌륭하게 증언하신 그
리스도 예수 앞에서, 그대에게 명령합니다.
14 그대는 우리 주 예수 그리스도께서 나타나실 때까지 그 계명을 지켜서, 흠도 없고, 책
망 받을 것도 없는 사람이 되십시오.
15 정한 때가 오면, 하나님께서 주님의 나타나심을 보여 주실 것입니다. 하나님은 찬양 받
으실 분이시요, 오직 한 분이신 통치자이시요, 만왕의 왕이시요, 만주의 주이십니다.
16 오직 그분만이 죽지 않으시고, 사람이 가까이 할 수 없는 빛 속에 계시고, 사람으로서
는 본 일도 없고, 또 볼 수도 없는 분이십니다. 그분에게 존귀와 영원한 주권이 있기를
빕니다. 아멘.

12 Fight the good fight for the true faith. Hold tightly to the eternal life to which God has
called you, which you have confessed so well before many witnesses.
13 And I charge you before God, who gives life to all, and before Christ Jesus, who gave
a good testimony before Pontius Pilate,
14 that you obey this command without wavering. Then no one can find fault with you
from now until our Lord Jesus Christ comes again.
15 For at just the right time Christ will be revealed from heaven by the blessed and only
almighty God, the King of all kings and Lord of all lords.
16 He alone can never die, and he lives in light so brilliant that no human can approach
him. No human eye has ever seen him, nor ever will. All honor and power to him for-
ever! Amen.

디모데전서 6:12-16

•나의 레마 노트•

17 그대는 이 세상의 부자들에게 명령하여, 교만해지지도 말고, 덧없는 재물에 소망을 두
지도 말고, 오직 우리에게 모든 것을 풍성히 주셔서 즐기게 하시는 하나님께 소망을
두라고 하십시오.
18 또 선을 행하고, 좋은 일을 많이 하고, 아낌없이 베풀고, 즐겨 나누어주라고 하십시오.
19 그렇게 하여, 앞날을 위하여 든든한 기초를 스스로 쌓아서, 참된 생명을 얻으라고 하
십시오.
20 디모데여, 그대에게 맡긴 것을 잘 지키십시오. 속된 잡담을 피하고, 거짓 지식의 반대
이론을 물리치십시오.
21 이 반대 이론을 내세우다가 믿음을 잃은 사람도 더러 있습니다. 은혜가 여러분과 함께
있기를 바랍니다.

17 Teach those who are rich in this world not to be proud and not to trust in their money,
which is so unreliable. Their trust should be in God, who richly gives us all we need
for our enjoyment.
18 Tell them to use their money to do good. They should be rich in good works and gen-
erous to those in need, always being ready to share with others.
19 By doing this they will be storing up their treasure as a good foundation for the future
so that they may experience true life.
20 Timothy, guard what God has entrusted to you. Avoid godless, foolish discussions
with those who oppose you with their so-called knowledge.
21 Some people have wandered from the faith by following such foolishness. May God's
grace be with you all.

•나의 레마 노트•

디모데후서

1

〈인사〉

1 하나님의 뜻으로 그리스도 예수 안에 있는 생명의 약속을 따라 그리스도 예수의 사도
가 된 나 바울이,
2 사랑하는 아들 디모데에게 이 편지를 씁니다. 하나님 아버지와 우리 주 그리스도 예수
께서 내려주시는 은혜와 자비와 평화가 그대에게 있기를 빕니다.

〈복음에 대한 충성〉

3 나는 밤낮으로 기도를 할 때에 끊임없이 그대를 기억하면서 하나님께 감사를 드립니
다. 나는 조상들을 본받아 깨끗한 양심으로 하나님을 섬깁니다.
4 나는 그대의 눈물을 기억하면서, 그대를 보기를 원합니다. 그대를 만나봄으로 나는 기
쁨이 충만해지고 싶습니다.
5 나는 그대 속에 있는 거짓 없는 믿음을 기억합니다. 그 믿음은 먼저 그대의 외할머니
로이스와 어머니 유니게 속에 깃들여 있었는데, 그것이 그대 속에도 깃들여 있음을
나는 확신합니다.

1 This letter is from Paul, chosen by the will of God to be an apostle of Christ Jesus.
I have been sent out to tell others about the life he has promised through faith in
Christ Jesus.
2 I am writing to Timothy, my dear son. May God the Father and Christ Jesus our Lord
give you grace, mercy, and peace.
3 Timothy, I thank God for you - the God I serve with a clear conscience, just as my
ancestors did. Night and day I constantly remember you in my prayers.
4 I long to see you again, for I remember your tears as we parted. And I will be filled
with joy when we are together again.
5 I remember your genuine faith, for you share the faith that first filled your grand-
mother Lois and your mother, Eunice. And I know that same faith continues strong in
you.

디모데후서 1:1-5

•나의 레마 노트•

1

6 이런 이유로 나는 그대를 일깨워서, 그대가, 나의 안수로 말미암아, 그대 속에 간직하
고 있는 하나님의 은사에 다시 불을 붙이게 하려고 합니다.
7 하나님께서는 우리에게 비겁함의 영을 주신 것이 아니라, 능력과 사랑과 절제의 영을
주셨습니다.
8 그러므로 그대는 우리 주님에 대하여 증언하는 일이나 주님을 위하여 갇힌 몸이 된
나를 부끄러워하지 말고, 하나님의 능력을 힘입어 복음을 위하여 고난을 함께 겪으십
시오.
9 하나님께서 우리를 구원해 주시고, 거룩한 부르심으로 불러주셨습니다. 그것은 우리의
행실을 따라 하신 것이 아니요, 하나님의 계획과 은혜를 따라 하신 것입니다. 이 은혜
는 영원 전에 그리스도 예수 안에서 우리에게 주신 것인데,
10 이제는 우리 구주 그리스도 예수께서 나타나심으로 환히 드러났습니다. 그리스도께서
는 죽음을 폐하시고, 복음으로 생명과 썩지 않음을 환히 보이셨습니다.
11 나는 이 복음을 전하는 선포자와 사도와 교사로 임명을 받았습니다.

6 This is why I remind you to fan into flames the spiritual gift God gave you when I laid
my hands on you.
7 For God has not given us a spirit of fear and timidity, but of power, love, and self-dis-
cipline.
8 So never be ashamed to tell others about our Lord. And don't be ashamed of me,
either, even though I'm in prison for him. With the strength God gives you, be ready
to suffer with me for the sake of the Good News.
9 For God saved us and called us to live a holy life. He did this, not because we de-
served it, but because that was his plan from before the beginning of time - to show
us his grace through Christ Jesus.
10 And now he has made all of this plain to us by the appearing of Christ Jesus, our
Savior. He broke the power of death and illuminated the way to life and immortality
through the Good News.
11 And God chose me to be a preacher, an apostle, and a teacher of this Good News.

•나의 레마 노트•

12 그러므로 나는 이런 고난을 당하면서도 부끄러워하지 않습니다. 나는, 내가 믿어 온
분을 잘 알고 있고, 또 내가 맡은 것을 그분이 그 날까지 지켜 주실 수 있음을 확신합
니다.
13 그대는 그리스도 예수 안에 있는 믿음과 사랑으로 나에게서 들은 건전한 말씀을 본보
기로 삼고,
14 우리 안에 살고 계시는 성령으로 말미암아 그 맡은 바 선한 것을 지키십시오.
15 그대도 알다시피, 아시아에 있는 사람이 모두 나를 버렸습니다. 그들 가운데는 부겔로
와 허모게네가 들어 있습니다.
16 주님께서 오네시보로의 집에 자비를 베풀어 주시기를 빕니다. 그는 여러 번 나에게 용
기를 북돋아 주었고, 내가 쇠사슬에 매인 것을 부끄러워하지 않았고,
17 로마에 와서는 더욱 열심으로 나를 찾아 만나 주었습니다.
18 그 날에 주님께서 그에게 자비를 내리시기를 바랍니다. 그대는 그가 에베소에서 얼마
나 많이 봉사했는가를 잘 알고 있습니다.

12 That is why I am suffering here in prison. But I am not ashamed of it, for I know the
one in whom I trust, and I am sure that he is able to guard what I have entrusted to
him until the day of his return.
13 Hold on to the pattern of wholesome teaching you learned from me - a pattern
shaped by the faith and love that you have in Christ Jesus.
14 Through the power of the Holy Spirit who lives within us, carefully guard the precious
truth that has been entrusted to you.
15 As you know, everyone from the province of Asia has deserted me - even Phygelus
and Hermogenes.
16 May the Lord show special kindness to Onesiphorus and all his family because he
often visited and encouraged me. He was never ashamed of me because I was in
chains.
17 When he came to Rome, he searched everywhere until he found me.
18 May the Lord show him special kindness on the day of Christ's return. And you know
very well how helpful he was in Ephesus.

•나의 레마 노트•

2

〈예수 그리스도의 훌륭한 군사〉

1 그러므로 내 아들이여, 그리스도 예수 안에 있는 은혜로 굳세어지십시오.
2 그대가 많은 증인을 통하여 나에게서 들은 것을 믿음직한 사람들에게 전수하십시오.
그리하면 그들이 다른 사람들을 또한 가르칠 수 있을 것입니다.
3 그대는 그리스도 예수의 훌륭한 군사답게 고난을 함께 달게 받으십시오.
4 누구든지 군에 복무를 하는 사람은 자기를 군사로 모집한 상관을 기쁘게 해 주어야
합니다. 그러므로 그는 살림살이에 얽매여서는 안 됩니다.
5 운동 경기를 하는 사람은 규칙대로 하지 않으면 월계관을 얻을 수 없습니다.
6 수고하는 농부가 소출을 먼저 받는 것이 마땅합니다.
7 내가 하는 말을 생각하여 보십시오. 주님께서는 모든 것을 깨닫는 능력을 그대에게 주
실 것입니다.
8 내가 전하는 복음대로, 다윗의 자손으로 나시고, 죽은 사람 가운데서 살아나신 예수
그리스도를 기억하십시오.

1 Timothy, my dear son, be strong through the grace that God gives you in Christ Je-
sus.
2 You have heard me teach things that have been confirmed by many reliable witness-
es. Now teach these truths to other trustworthy people who will be able to pass them
on to others.
3 Endure suffering along with me, as a good soldier of Christ Jesus.
4 Soldiers don't get tied up in the affairs of civilian life, for then they cannot please the
officer who enlisted them.
5 And athletes cannot win the prize unless they follow the rules.
6 And hardworking farmers should be the first to enjoy the fruit of their labor.
7 Think about what I am saying. The Lord will help you understand all these things.
8 Always remember that Jesus Christ, a descendant of King David, was raised from the
dead. This is the Good News I preach.

•나의 레마 노트•

2

9 나는 이 복음 때문에 고난을 당하며, 죄수처럼 매여 있으나, 하나님의 말씀은 매여 있
지 않습니다.
10 그러므로 나는 하나님께서 택하여 주신 사람들을 위해서 모든 것을 참고 있습니다. 이
것은 그들도 또한 그리스도 예수 안에 있는 구원을 영원한 영광과 함께 얻게 하려는
것입니다.
11 이 말씀은 믿을 만합니다. 우리가 주님과 함께 죽었으면, 우리도 또한 그분과 함께 살
것이요,
12 우리가 참고 견디면, 우리도 또한 그분과 함께 다스릴 것이요, 우리가 그분을 부인하
면, 그분도 또한 우리를 부인하실 것입니다.
13 우리는 신실하지 못하더라도, 그분은 언제나 신실하십니다. 그분은 자기를 부인할 수
없으시기 때문입니다.

9 And because I preach this Good News, I am suffering and have been chained like a
criminal. But the word of God cannot be chained.
10 So I am willing to endure anything if it will bring salvation and eternal glory in Christ
Jesus to those God has chosen.
11 This is a trustworthy saying: If we die with him, we will also live with him.
12 If we endure hardship, we will reign with him. If we deny him, he will deny us.
13 If we are unfaithful, he remains faithful, for he cannot deny who he is.

디모데후서 2:9-13

•나의 레마 노트•

〈인정받는 일꾼〉

14 신도들에게 이것을 일깨우십시오. 하나님 앞에서 그들에게 엄숙히 명해서 말다툼을
하지 못하게 하십시오. 그것은 아무 유익이 없고, 듣는 사람들을 파멸에 이르게 할 뿐
입니다.
15 그대는 진리의 말씀을 올바르게 가르치는 부끄러울 것 없는 일꾼으로 하나님께 인정
을 받는 사람이 되기를 힘쓰십시오.
16 속된 잡담을 피하십시오. 그것이 사람을 더욱더 경건하지 아니함에 빠지게 합니다.
17 그들의 말은 암처럼 퍼져 나갈 것입니다. 그들 가운데는 후메내오와 빌레도가 있습
니다.
18 그들은 진리에서 멀리 떠나버렸고, 부활은 이미 지나갔다고 말하면서, 사람들의 믿음
을 뒤엎습니다.
19 그러나 하나님의 기초는 이미 튼튼히 서 있고, 거기에는 "주님께서는 자기에게 속한 사
람을 아신다"는 말씀과 "주님의 이름을 부르는 사람은 다 불의에서 떠나라"는 말씀이
새겨져 있습니다.

14 Remind everyone about these things, and command them in God's presence to stop
fighting over words. Such arguments are useless, and they can ruin those who hear
them.
15 Work hard so you can present yourself to God and receive his approval. Be a good
worker, one who does not need to be ashamed and who correctly explains the word
of truth.
16 Avoid worthless, foolish talk that only leads to more godless behavior.
17 This kind of talk spreads like cancer, as in the case of Hymenaeus and Philetus.
18 They have left the path of truth, claiming that the resurrection of the dead has already
occurred; in this way, they have turned some people away from the faith.
19 But God's truth stands firm like a foundation stone with this inscription: "The Lord
knows those who are his," and "All who belong to the Lord must turn away from evil."

•나의 레마 노트•

2

20 큰 집에는 금그릇과 은그릇만 있는 것이 아니라, 나무그릇과 질그릇도 있어서, 어떤 것은 귀하게 쓰이고, 어떤 것은 천하게 쓰입니다.

21 그러므로 누구든지 이러한 것들로부터 자신을 깨끗하게 하면, 그는 주인이 온갖 좋은 일에 요긴하게 쓰는 성별된 귀한 그릇이 될 것입니다.

22 그대는 젊음의 정욕을 피하고, 깨끗한 마음으로 주님을 찾는 사람들과 함께, 의와 믿음과 사랑과 평화를 좇으십시오.

23 어리석고 무식한 논쟁을 멀리하십시오. 그대가 아는 대로, 거기에서 싸움이 생깁니다.

24 주님의 종은 다투지 말아야 합니다. 그는 모든 사람에게 온유하고, 잘 가르치고, 참을성이 있어야 하고,

25 반대하는 사람을 온화하게 바로잡아 주어야 합니다. 그렇게 하면, 아마도 하나님께서 그 반대하는 사람들을 회개시키셔서, 진리를 깨닫게 하실 것입니다.

26 그들은 악마에게 사로잡혀서 악마의 뜻을 좇았지만, 정신을 차려서 그 악마의 올무에서 벗어날 것입니다.

20 In a wealthy home some utensils are made of gold and silver, and some are made of wood and clay. The expensive utensils are used for special occasions, and the cheap ones are for everyday use.

21 If you keep yourself pure, you will be a special utensil for honorable use. Your life will be clean, and you will be ready for the Master to use you for every good work.

22 Run from anything that stimulates youthful lusts. Instead, pursue righteous living, faithfulness, love, and peace. Enjoy the companionship of those who call on the Lord with pure hearts.

23 Again I say, don't get involved in foolish, ignorant arguments that only start fights.

24 A servant of the Lord must not quarrel but must be kind to everyone, be able to teach, and be patient with difficult people.

25 Gently instruct those who oppose the truth. Perhaps God will change those people's hearts, and they will learn the truth.

26 Then they will come to their senses and escape from the devil's trap. For they have been held captive by him to do whatever he wants.

•나의 레마 노트•

3

〈마지막 때의 타락상〉

1 그대는 이것을 알아두십시오. 말세에 어려운 때가 올 것입니다.
2 사람들은 자기를 사랑하며, 돈을 사랑하며, 뽐내며, 교만하며, 하나님을 모독하며, 부
모에게 순종하지 아니하며, 감사할 줄 모르며, 불경스러우며,
3 무정하며, 원한을 풀지 아니하며, 비방하며, 절제가 없으며, 난폭하며, 선을 좋아하지
아니하며,
4 배신하며, 무모하며, 자만하며, 하나님보다 쾌락을 더 사랑하며,
5 겉으로는 경건하게 보이나, 경건함의 능력은 부인할 것입니다. 그대는 이런 사람들을
멀리하십시오.
6 그들 가운데는 남의 집에 가만히 들어가서 어리석은 여자들을 유인하는 사람들이 있
을 것입니다. 그런 여자들은 여러 가지 정욕에 이끌려 죄에 짓눌려 있고,
7 늘 배우기는 하지만 진리를 깨닫는 데에는 전혀 이를 수 없습니다.

1 You should know this, Timothy, that in the last days there will be very difficult times.
2 For people will love only themselves and their money. They will be boastful and
proud, scoffing at God, disobedient to their parents, and ungrateful. They will con-
sider nothing sacred.
3 They will be unloving and unforgiving; they will slander others and have no self-con-
trol. They will be cruel and hate what is good.
4 They will betray their friends, be reckless, be puffed up with pride, and love pleasure
rather than God.
5 They will act religious, but they will reject the power that could make them godly.
Stay away from people like that!
6 They are the kind who work their way into people's homes and win the confidence of
vulnerable women who are burdened with the guilt of sin and controlled by various
desires.
7 (Such women are forever following new teachings, but they are never able to under-
stand the truth.)

디모데후서 3:1-7 

•나의 레마 노트•

8 또 이 사람들은 얀네와 얌브레가 모세를 배반한 것과 같이 진리를 배반합니다. 그들은
마음이 부패한 사람이요, 믿음에 실패한 사람들입니다.
9 그러나 그들은 더 이상 나아가지 못할 것입니다. 그들의 어리석음도 그 두 사람의 경우
와 같이, 모든 사람 앞에 환히 드러날 것이기 때문입니다.

〈마지막 부탁〉

10 그러나 그대는 나의 가르침과 행동과 의향과 믿음과 오래 참음과 사랑과 인내를 따르
며,
11 안디옥과 이고니온과 루스드라에서 내가 겪은 박해와 고난을 함께 겪었습니다. 나는
그러한 박해를 견디어냈고, 주님께서는 그 모든 박해에서 나를 건져내셨습니다.
12 그리스도 예수 안에서 경건하게 살려고 하는 사람은 모두 박해를 받을 것입니다.
13 그런데, 악한 자들과 속이는 자들은 더욱더 악하여져서, 남을 속이기도 하고 속기도
할 것입니다.

8 These teachers oppose the truth just as Jannes and Jambres opposed Moses. They
have depraved minds and a counterfeit faith.
9 But they won't get away with this for long. Someday everyone will recognize what
fools they are, just as with Jannes and Jambres.
10 But you, Timothy, certainly know what I teach, and how I live, and what my purpose in
life is. You know my faith, my patience, my love, and my endurance.
11 You know how much persecution and suffering I have endured. You know all about
how I was persecuted in Antioch, Iconium, and Lystra - but the Lord rescued me from
all of it.
12 Yes, and everyone who wants to live a godly life in Christ Jesus will suffer persecution.
13 But evil people and impostors will flourish. They will deceive others and will them-
selves be deceived.

•나의 레마 노트•

3

14 그러나 그대는 그대가 배워서 굳게 믿는 그 진리 안에 머무십시오. 그대는 그것을 누
구에게서 배웠는지를 알고 있습니다.
15 그대는 어려서부터 성경을 알고 있습니다. 성경은 그리스도 예수를 믿는 믿음으로 말
미암아 그대에게 구원에 이르는 지혜를 줄 수 있습니다.
16 모든 성경은 하나님의 영감으로 된 것으로서 교훈과 책망과 바르게 함과 의로 교육하
기에 유익합니다.
17 성경은 하나님의 사람을 유능하게 하고, 그에게 온갖 선한 일을 할 수 있게 하는 것입
니다.

14 But you must remain faithful to the things you have been taught. You know they are
true, for you know you can trust those who taught you.
15 You have been taught the holy Scriptures from childhood, and they have given you
the wisdom to receive the salvation that comes by trusting in Christ Jesus.
16 All Scripture is inspired by God and is useful to teach us what is true and to make us
realize what is wrong in our lives. It corrects us when we are wrong and teaches us to
do what is right.
17 God uses it to prepare and equip his people to do every good work.

•나의 레마 노트•

4

1 나는 하나님 앞과, 산 사람과 죽은 사람을 심판하실 그리스도 예수 앞에서, 그분의 나
타나심과 그분의 나라를 두고 엄숙히 명령합니다.
2 그대는 말씀을 선포하십시오. 기회가 좋든지 나쁘든지, 꾸준하게 힘쓰십시오. 끝까지
참고 가르치면서, 책망하고 경계하고 권면하십시오.
3 때가 이르면, 사람들이 건전한 교훈을 받으려 하지 않고, 귀를 즐겁게 하는 말을 들으
려고 자기네 욕심에 맞추어 스승을 모아들일 것입니다.
4 그들은 진리를 듣지 않고, 꾸민 이야기에 귀를 기울일 것입니다.
5 그러나 그대는 모든 일에 정신을 차려서 고난을 참으며, 전도자의 일을 하며, 그대의
직무를 완수하십시오.
6 나는 이미 부어드리는 제물로 피를 흘릴 때가 되었고, 세상을 떠날 때가 되었습니다.
7 나는 선한 싸움을 다 싸우고, 달려갈 길을 마치고, 믿음을 지켰습니다.
8 이제는 나를 위하여 의의 면류관이 마련되어 있으므로, 의로운 재판장이신 주님께서
그 날에 그것을 나에게 주실 것이며, 나에게만이 아니라 주님께서 나타나시기를 사모
하는 모든 사람에게도 주실 것입니다.

1 I solemnly urge you in the presence of God and Christ Jesus, who will someday judge
the living and the dead when he appears to set up his Kingdom:
2 Preach the word of God. Be prepared, whether the time is favorable or not. Patiently
correct, rebuke, and encourage your people with good teaching.
3 For a time is coming when people will no longer listen to sound and wholesome
teaching. They will follow their own desires and will look for teachers who will tell
them whatever their itching ears want to hear.
4 They will reject the truth and chase after myths.
5 But you should keep a clear mind in every situation. Don't be afraid of suffering for
the Lord. Work at telling others the Good News, and fully carry out the ministry God
has given you.
6 As for me, my life has already been poured out as an offering to God. The time of my
death is near.
7 I have fought the good fight, I have finished the race, and I have remained faithful.
8 And now the prize awaits me - the crown of righteousness, which the Lord, the righ-
teous Judge, will give me on the day of his return. And the prize is not just for me but
for all who eagerly look forward to his appearing.

•나의 레마 노트•

〈사사로운 부탁〉

9 그대는 속히 나에게로 오십시오.
10 데마는 이 세상을 사랑해서 나를 버리고 데살로니가로 가고, 그레스게는 갈라디아로
가고, 디도는 달마디아로 가고,
11 누가만 나와 함께 있습니다. 그대가 올 때에, 마가를 데리고 오십시오. 그 사람은 나의
일에 요긴한 사람입니다.
12 나는 두기고를 에베소로 보냈습니다.
13 그대가 올 때에, 내가 드로아에 있는 가보의 집에 두고 온 외투를 가져오고, 또 책들은
특히 양피지에 쓴 것들을 가져오십시오.
14 구리 세공 알렉산더가 나에게 해를 많이 입혔습니다. 주님께서 그의 행위대로 그에게
갚으실 것입니다.
15 그대도 경계하십시오. 그가 우리 말에 몹시 반대하였습니다.
16 내가 처음 나를 변론할 때에, 내 편에 서서 나를 도와 준 사람은 한 사람도 없습니다.
모두 나를 버리고 떠났습니다. 그러나 그들에게 허물이 돌아가지 않기를 빕니다.

9 Timothy, please come as soon as you can.
10 Demas has deserted me because he loves the things of this life and has gone to Thes-
salonica. Crescens has gone to Galatia, and Titus has gone to Dalmatia.
11 Only Luke is with me. Bring Mark with you when you come, for he will be helpful to me
in my ministry.
12 I sent Tychicus to Ephesus.
13 When you come, be sure to bring the coat I left with Carpus at Troas. Also bring my
books, and especially my papers.
14 Alexander the coppersmith did me much harm, but the Lord will judge him for what
he has done.
15 Be careful of him, for he fought against everything we said.
16 The first time I was brought before the judge, no one came with me. Everyone aban-
doned me. May it not be counted against them.

•나의 레마 노트•

17 주님께서 내 곁에 서셔서 나에게 힘을 주셨습니다. 그것은 나를 통하여 전도의 말씀이
완전히 전파되게 하시고, 모든 이방 사람이 그것을 들을 수 있게 하시려는 것입니다.
주님께서 나를 사자의 입에서 건져내셨습니다.
18 주님께서 나를 모든 악한 일에서 건져내시고, 또 구원하셔서 그분의 하늘 나라에 들어
가게 해 주실 것입니다. 그분께 영광이 영원무궁하도록 있기를 빕니다. 아멘.

〈마지막 인사〉

19 브리스가와 아굴라와 오네시보로의 집에 문안해 주십시오.
20 에라스도는 고린도에 머물러 있고, 드로비모는 앓고 있으므로 밀레도에 남겨 두었습
니다.
21 그대는 겨울이 되기 전에 서둘러 오십시오. 으불로와 부데와 리노와 글라우디아와 모
든 신도가 그대에게 문안합니다.
22 주님께서 그대의 영과 함께 하시기를 빌며, 주님의 은혜가 여러분과 함께 있기를 빕
니다.

17 But the Lord stood with me and gave me strength so that I might preach the Good
News in its entirety for all the Gentiles to hear. And he rescued me from certain
death.
18 Yes, and the Lord will deliver me from every evil attack and will bring me safely into
his heavenly Kingdom. All glory to God forever and ever! Amen.
19 Give my greetings to Priscilla and Aquila and those living in the household of Onesi-
phorus.
20 Erastus stayed at Corinth, and I left Trophimus sick at Miletus.
21 Do your best to get here before winter. Eubulus sends you greetings, and so do Pu-
dens, Linus, Claudia, and all the brothers and sisters.
22 May the Lord be with your spirit. And may his grace be with all of you.

•나의 레마 노트•

디도서

1

〈인사〉

1 하나님의 종이요 예수 그리스도의 사도인 나 바울은, 하나님의 택하심을 받은 사람들
의 믿음을 일깨워 주고 경건함에 딸린 진리의 지식을 깨우쳐 주기 위하여, 사도가 되
었습니다.

2 나는 거짓이 없으신 하나님께서 영원 전부터 약속해 두신 영생에 대한 소망을 품고
있습니다.

3 하나님께서는 제 때가 되었을 때에 하나님의 이 약속의 말씀을 사도들의 선포를 통하
여 드러내셨습니다. 나는 우리의 구주이신 하나님의 명령을 따라 이것을 선포하는 임
무를 맡았습니다.

4 나는, 같은 믿음을 따라 진실한 아들이 된 디도에게 이 편지를 씁니다. 하나님 아버지
와 우리 구주 예수 그리스도께서 내려주시는 은혜와 평화가 그대에게 있기를 빕니다.

1 This letter is from Paul, a slave of God and an apostle of Jesus Christ. I have been
sent to proclaim faith to those God has chosen and to teach them to know the truth
that shows them how to live godly lives.

2 This truth gives them confidence that they have eternal life, which God - who does
not lie - promised them before the world began.

3 And now at just the right time he has revealed this message, which we announce to
everyone. It is by the command of God our Savior that I have been entrusted with this
work for him.

4 I am writing to Titus, my true son in the faith that we share. May God the Father and
Christ Jesus our Savior give you grace and peace.

디도서 1:1-4

•나의 레마 노트•

1

〈크레타에서 해야 할 디도의 사역〉

5 내가 그대를 크레타에 남겨둔 것은, 남은 일들을 정리하고, 내가 지시한 대로, 성읍마
다 장로들을 세우게 하려는 것입니다.
6 장로는 흠잡을 데가 없어야 하며, 한 아내의 남편이라야 하며, 그 자녀가 신자라야 하
며, 방탕하다거나 순종하지 않는다는 비난을 받지 않아야 합니다.
7 감독은 하나님의 청지기로서, 흠잡을 데가 없으며, 자기 고집대로 하지 아니하며, 쉽게
성내지 아니하며, 술을 즐기지 아니하며, 폭행하지 아니하며, 부정한 이득을 탐하지
아니하는 사람이라야 합니다.
8 오히려 그는 손님을 잘 대접하며, 선행을 좋아하며, 신중하며, 의로우며, 경건하며, 자
제력이 있으며,
9 신실한 말씀의 가르침을 굳게 지키는 사람이라야 합니다. 그래야 그는 건전한 교훈으
로 권면하고, 반대자들을 반박할 수 있을 것입니다.

5 I left you on the island of Crete so you could complete our work there and appoint
elders in each town as I instructed you.
6 An elder must live a blameless life. He must be faithful to his wife, and his children
must be believers who don't have a reputation for being wild or rebellious.
7 An elder is a manager of God's household, so he must live a blameless life. He must
not be arrogant or quick-tempered; he must not be a heavy drinker, violent, or dis-
honest with money.
8 Rather, he must enjoy having guests in his home, and he must love what is good. He
must live wisely and be just. He must live a devout and disciplined life.
9 He must have a strong belief in the trustworthy message he was taught; then he will
be able to encourage others with wholesome teaching and show those who oppose
it where they are wrong.

•나의 레마 노트•

1

10 복종하지 아니하며 헛된 말을 하며 속이는 사람이 많이 있는데, 특히 할례를 받은 사
람 가운데 많이 있습니다.
11 그들의 입을 막아야 합니다. 그들은 부정한 이득을 얻으려고, 가르쳐서는 안 되는 것을
가르치면서, 가정들을 온통 뒤엎습니다.
12 크레타 사람 가운데서 예언자라 하는 어떤 사람이 말하기를 "크레타 사람은 예나 지금
이나 거짓말쟁이요, 악한 짐승이요, 먹는 것밖에 모르는 게으름뱅이다" 하였습니다.
13 이 증언은 참말입니다. 그러므로 그들을 엄중히 책망하여, 그들의 믿음을 건전하게 하
고,
14 유대 사람의 허망한 이야기나 진리를 배반하는 사람들의 명령에 귀를 기울이지 못하
게 하십시오.
15 깨끗한 사람에게는 모든 것이 깨끗합니다. 그러나 믿지 않는 더러운 사람에게는, 깨끗
한 것이라고는 하나도 없습니다. 도리어, 그들의 생각과 양심도 더러워졌습니다.
16 그들은 입으로는 하나님을 안다고 말하지만, 행동으로는 부인하고 있습니다. 그들은
가증하고 완고한 자들이어서, 전혀 선한 일을 하지 못합니다.

10 For there are many rebellious people who engage in useless talk and deceive others.
This is especially true of those who insist on circumcision for salvation.
11 They must be silenced, because they are turning whole families away from the truth
by their false teaching. And they do it only for money.
12 Even one of their own men, a prophet from Crete, has said about them, "The people
of Crete are all liars, cruel animals, and lazy gluttons."
13 This is true. So reprimand them sternly to make them strong in the faith.
14 They must stop listening to Jewish myths and the commands of people who have
turned away from the truth.
15 Everything is pure to those whose hearts are pure. But nothing is pure to those who
are corrupt and unbelieving, because their minds and consciences are corrupted.
16 Such people claim they know God, but they deny him by the way they live. They are
detestable and disobedient, worthless for doing anything good.

디도서 1:10-16

•나의 레마 노트•

2

〈교리에 맞는 말〉

1 그대는 건전한 교훈에 맞는 말을 하십시오.
2 나이 많은 남자들은, 절제 있고, 위엄 있고, 신중하고, 믿음과 사랑과 인내심이 흔들리
지 않는 사람이 되게 하십시오.
3 이와 같이 나이 많은 여자들도, 행실이 거룩하고, 헐뜯지 아니하고, 과도한 술의 노예
가 아니고, 좋은 것을 가르치는 사람이 되게 하십시오.
4 그리하여 그들이 젊은 여자들을 훈련시켜서, 남편과 자녀를 사랑하고,
5 신중하고, 순결하고, 집안 살림을 잘하고, 어질고, 남편에게 순종하는 사람이 되게 해
야 할 것입니다. 그래야 하나님의 말씀이 비방을 받지 않을 것입니다.
6 이와 같이 그대는 젊은 남자들을 권하여 신중한 사람이 되게 하십시오.
7 그대는 모든 일에 선한 행실의 모범이 되십시오. 가르치는 일에 순수하고 위엄 있는
태도를 보여야 합니다.
8 책잡힐 데가 없는 건전한 말을 하십시오. 그리하면 반대자도 우리를 걸어서 나쁘게 말
할 것이 없으므로 부끄러움을 당할 것입니다.

1 As for you, Titus, promote the kind of living that reflects wholesome teaching.
2 Teach the older men to exercise self-control, to be worthy of respect, and to live
wisely. They must have sound faith and be filled with love and patience.
3 Similarly, teach the older women to live in a way that honors God. They must not
slander others or be heavy drinkers. Instead, they should teach others what is good.
4 These older women must train the younger women to love their husbands and their
children,
5 to live wisely and be pure, to work in their homes, to do good, and to be submissive
to their husbands. Then they will not bring shame on the word of God.
6 In the same way, encourage the young men to live wisely.
7 And you yourself must be an example to them by doing good works of every kind.
Let everything you do reflect the integrity and seriousness of your teaching.
8 Teach the truth so that your teaching can't be criticized. Then those who oppose us
will be ashamed and have nothing bad to say about us.

•나의 레마 노트•

9 종들을 가르치되, 모든 일에 주인에게 복종하고, 그들을 기쁘게 하고, 말대꾸를 하지
말고,
10 훔쳐내지 말고, 온전히 신실하라고 하십시오. 그러면 그들이 모든 일에서 우리의 구주
이신 하나님의 교훈을 빛낼 것입니다.
11 모든 사람에게 하나님의 구원의 은혜가 나타났습니다.
12 그 은혜는 우리를 교육하여, 경건하지 않음과 속된 정욕을 버리고, 지금 이 세상에서
신중하고 의롭고 경건하게 살게 합니다.
13 그래서 우리는 복된 소망 곧 위대하신 하나님과 우리 구주 예수 그리스도의 영광이
나타나기를 고대합니다.
14 그리스도께서는 우리를 위하여 자기 몸을 내주셨습니다. 그것은 우리를 모든 불법에서
건져내시고, 깨끗하게 하셔서, 선한 일에 열심을 내는 백성으로 삼으시려는 것입니다.
15 그대는 권위를 가지고 이것들을 말하고, 사람들을 권하고 책망하십시오. 아무도 그대
를 업신여기지 못하게 하십시오.

9 Slaves must always obey their masters and do their best to please them. They must
not talk back
10 or steal, but must show themselves to be entirely trustworthy and good. Then they
will make the teaching about God our Savior attractive in every way.
11 For the grace of God has been revealed, bringing salvation to all people.
12 And we are instructed to turn from godless living and sinful pleasures. We should live
in this evil world with wisdom, righteousness, and devotion to God,
13 while we look forward with hope to that wonderful day when the glory of our great
God and Savior, Jesus Christ, will be revealed.
14 He gave his life to free us from every kind of sin, to cleanse us, and to make us his very
own people, totally committed to doing good deeds.
15 You must teach these things and encourage the believers to do them. You have the
authority to correct them when necessary, so don't let anyone disregard what you
say.

•나의 레마 노트•

3

〈선행에 관한 교훈〉

1 그대는 신도를 일깨워서, 통치자와 집권자에게 복종하고, 순종하고, 모든 선한 일을 할 준비를 갖추게 하십시오.

2 또, 아무도 비방하지 말고, 싸우지 말고, 관용하게 하며, 언제나 모든 사람에게 온유하게 대하게 하십시오.

3 우리도 전에는 어리석고, 순종하지 아니하고, 미혹을 당하고, 온갖 정욕과 향락에 종노릇 하고, 악의와 시기심을 가지고 살고, 남에게 미움을 받고, 서로 미워하면서 살았습니다.

4 그러나 우리의 구주이신 하나님께서 그 인자하심과 사랑하심을 나타내셔서

5 우리를 구원하셨습니다. 그분이 그렇게 하신 것은, 우리가 행한 의로운 일 때문이 아니라, 그분의 자비하심을 따라 거듭나게 씻어주심과 성령으로 새롭게 해 주심으로 말미암은 것입니다.

1 Remind the believers to submit to the government and its officers. They should be obedient, always ready to do what is good.

2 They must not slander anyone and must avoid quarreling. Instead, they should be gentle and show true humility to everyone.

3 Once we, too, were foolish and disobedient. We were misled and became slaves to many lusts and pleasures. Our lives were full of evil and envy, and we hated each other.

4 But - "When God our Savior revealed his kindness and love,

5 he saved us, not because of the righteous things we had done, but because of his mercy. He washed away our sins, giving us a new birth and new life through the Holy Spirit.

디도서 3:1-5

•나의 레마 노트•

3

6 하나님께서는 이 성령을 우리의 구주이신 예수 그리스도로 말미암아 우리에게 풍성
하게 부어 주셨습니다.
7 그래서 우리는 그분의 은혜로 의롭게 되어서, 영원한 생명의 소망을 따라 상속자가 되
었습니다.
8 이 말은 참됩니다. 나는 그대가, 이러한 것을 힘있게 주장해서, 하나님을 믿는 사람으
로 하여금 선한 일에 전념하게 하기 바랍니다. 선한 일은 아름다우며, 사람에게 유익
합니다.
9 그러나 어리석은 논쟁과 족보 이야기와 분쟁과 율법에 관한 싸움을 피하십시오. 이것
은 유익이 없고, 헛될 뿐입니다.
10 분파를 일으키는 사람은 한두 번 타일러 본 뒤에 물리치십시오.
11 그대가 아는 대로, 이런 사람은 옆길로 빠져버렸으며, 죄를 지으면서 스스로 단죄를 하
고 있습니다.

6 He generously poured out the Spirit upon us through Jesus Christ our Savior.
7 Because of his grace he declared us righteous and gave us confidence that we will
inherit eternal life."
8 This is a trustworthy saying, and I want you to insist on these teachings so that all who
trust in God will devote themselves to doing good. These teachings are good and
beneficial for everyone.
9 Do not get involved in foolish discussions about spiritual pedigrees or in quarrels and
fights about obedience to Jewish laws. These things are useless and a waste of time.
10 If people are causing divisions among you, give a first and second warning. After that,
have nothing more to do with them.
11 For people like that have turned away from the truth, and their own sins condemn
them.

디도서 3:6-11

•나의 레마 노트•

〈부탁과 인사〉

12 내가 아데마나 두기고를 그대에게 보내거든, 속히 니고볼리로 나를 찾아 오십시오. 나
는 거기에서 겨울을 지내기로 작정하였습니다.
13 서둘러 주선하여 율법교사인 세나와 아볼로를 떠나 보내 주고, 그들에게 조금도 부족
한 것이 없게 해 주십시오.
14 우리의 교우들도, 절실히 필요한 것을 마련하여 줄 수 있도록, 좋은 일을 하는 데에 전
념하는 것을 배워야 합니다. 그래야 그들은 열매를 맺지 못하는 사람이 되지 않을 것
입니다.
15 나와 함께 있는 모든 사람이 그대에게 문안합니다. 믿음 안에서 우리를 사랑하는 사람
에게 문안하십시오. 은혜가 여러분 모두에게 있기를 빕니다.

12 I am planning to send either Artemas or Tychicus to you. As soon as one of them
arrives, do your best to meet me at Nicopolis, for I have decided to stay there for the
winter.
13 Do everything you can to help Zenas the lawyer and Apollos with their trip. See that
they are given everything they need.
14 Our people must learn to do good by meeting the urgent needs of others; then they
will not be unproductive.
15 Everybody here sends greetings. Please give my greetings to the believers - all who
love us. May God's grace be with you all.

•나의 레마 노트•

빌레몬서

1

〈인사〉

1 그리스도 예수 때문에 감옥에 갇힌 나 바울과 형제 디모데가, 우리의 사랑하는 동역
자 빌레몬과
2 자매 압비아와 우리의 전우인 아킵보와 그대의 집에 모이는 교회에, 이 편지를 씁니다.
3 하나님 우리 아버지와 주 예수 그리스도께서 내려주시는 은혜와 평화가 여러분에게
있기를 빕니다.

〈빌레몬의 믿음과 사랑〉

4 나는 기도할 때마다 그대를 기억하면서, 언제나 나의 하나님께 감사를 드립니다.
5 나는 주 예수에 대한 그대의 믿음과 모든 성도에 대한 그대의 사랑에 관하여 듣고 있
습니다.
6 그대의 믿음의 사귐이 더욱 깊어져서, 우리 안에 있는 모든 선한 일을 그대가 깨달아
그리스도께 이르게 되기를 나는 기도합니다.

1 This letter is from Paul, a prisoner for preaching the Good News about Christ Jesus,
and from our brother Timothy. I am writing to Philemon, our beloved co-worker,
2 and to our sister Apphia, and to our fellow soldier Archippus, and to the church that
meets in your house.
3 May God our Father and the Lord Jesus Christ give you grace and peace.
4 I always thank my God when I pray for you, Philemon,
5 because I keep hearing about your faith in the Lord Jesus and your love for all of
God's people.
6 And I am praying that you will put into action the generosity that comes from your
faith as you understand and experience all the good things we have in Christ.

•나의 레마 노트•

7 형제여, 나는 그대의 사랑으로 큰 기쁨과 위로를 받았습니다. 성도들이 그대로 말미암
아 마음에 생기를 얻었습니다.

〈오네시모를 두고 선처를 부탁하다〉

8 그러므로 그리스도 안에서 나는 그대가 마땅히 해야 할 일을 아주 담대하게 명령할
수도 있지만,
9 우리 사이의 사랑 때문에, 오히려 그대에게 간청을 하려고 합니다. 나 바울은 이렇게
나이를 많이 먹은 사람이요, 이제는 그리스도를 전하는 일로 또한 갇힌 몸입니다.
10 내가 갇혀 있는 동안에 얻은 아들 오네시모를 두고 그대에게 간청합니다.
11 그가 전에는 그대에게 쓸모 없는 사람이었으나, 이제는 그대와 나에게 쓸모 있는 사람
이 되었습니다.
12 나는 그를 그대에게 돌려보냅니다. 그는 바로 내 마음입니다.

7 Your love has given me much joy and comfort, my brother, for your kindness has often
refreshed the hearts of God's people.
8 That is why I am boldly asking a favor of you. I could demand it in the name of Christ
because it is the right thing for you to do.
9 But because of our love, I prefer simply to ask you. Consider this as a request from
me - Paul, an old man and now also a prisoner for the sake of Christ Jesus.
10 I appeal to you to show kindness to my child, Onesimus. I became his father in the
faith while here in prison.
11 Onesimus hasn't been of much use to you in the past, but now he is very useful to
both of us.
12 I am sending him back to you, and with him comes my own heart.

•나의 레마 노트•

13 나는 그를 내 곁에 두고 내가 복음을 위하여 갇혀 있는 동안에 그대를 대신해서 나에
게 시중들게 하고 싶었으나,
14 그대의 승낙이 없이는 아무것도 하고 싶지 않았습니다. 나는 그대가 선한 일을 마지못
해서 하지 않고, 자진해서 하기를 원하기 때문입니다.
15 그가 잠시 동안 그대를 떠난 것은, 아마 그대로 하여금 영원히 그를 데리고 있게 하려
는 것이었는지도 모릅니다.
16 이제부터는 그는 종으로서가 아니라, 종 이상으로 곧 사랑 받는 형제로 그대의 곁에 있
을 것입니다. 특히 그가 나에게 그러하다면, 그대에게는 육신으로나 주님 안에서나 더
욱 그러하지 않겠습니까?
17 그러므로 그대가 나를 동지로 생각하면, 나를 맞이하듯이 그를 맞아 주십시오.
18 그가 그대에게 잘못한 것이 있거나, 빚진 것이 있거든, 그것을 내 앞으로 달아놓아 주
십시오.

13 I wanted to keep him here with me while I am in these chains for preaching the Good
News, and he would have helped me on your behalf.
14 But I didn't want to do anything without your consent. I wanted you to help because
you were willing, not because you were forced.
15 It seems you lost Onesimus for a little while so that you could have him back forever.
16 He is no longer like a slave to you. He is more than a slave, for he is a beloved brother,
especially to me. Now he will mean much more to you, both as a man and as a broth-
er in the Lord.
17 So if you consider me your partner, welcome him as you would welcome me.
18 If he has wronged you in any way or owes you anything, charge it to me.

•나의 레마 노트•

19 나 바울이 친필로 이것을 씁니다. 내가 그것을 갚아 주겠습니다. 그대가 오늘의 그대가
된 것이 나에게 빚진 것이라는 사실을 나는 굳이 말하지 않겠습니다.
20 형제여, 나는 주님 안에서 그대의 호의를 바랍니다. 그리스도 안에서 나의 마음에 생
기를 넣어 주십시오.
21 나는 그대의 순종을 확신하며 이 글을 씁니다. 나는 그대가 내가 말한 것 이상으로 해
주리라는 것을 압니다.
22 그리고 나를 위하여 숙소를 마련해 주십시오. 여러분의 기도로 내가 여러분에게 갈 수
있기를 바랍니다.

〈작별 인사〉

23 그리스도 예수 안에서 나와 함께 갇힌 에바브라가 그대에게 문안합니다.
24 나의 동역자인 마가와 아리스다고와 데마와 누가도 문안합니다.
25 주 예수 그리스도의 은혜가 여러분의 영과 함께 하기를 빕니다.

19 I, PAUL, WRITE THIS WITH MY OWN HAND: I WILL REPAY IT. AND I WONT MEN-
TION THAT YOU OWE ME YOUR VERY SOUL!
20 Yes, my brother, please do me this favor for the Lord's sake. Give me this encourage-
ment in Christ.
21 I am confident as I write this letter that you will do what I ask and even more!
22 One more thing - please prepare a guest room for me, for I am hoping that God will
answer your prayers and let me return to you soon.
23 Epaphras, my fellow prisoner in Christ Jesus, sends you his greetings.
24 So do Mark, Aristarchus, Demas, and Luke, my co-workers.
25 May the grace of the Lord Jesus Christ be with your spirit.

•나의 레마 노트•

읽고 쓰고 마음에 새기는 필사 노트
데살로니가전후서·디모데전후서·디도서·빌레몬서

초판1쇄 발행일 2020년 12월 28일

엮은이 편집부
발행인 이용훈

발행처 북스원
출판등록 제 2015-000033호
주소 서울시 송파구 오금로44나길 5, 401호
전화 010-3244-4066
이메일 wisebook@naver.com
공급처 (주)비전북 031-907-3927

ISBN 979-11-955207-7-0 03230

책값은 뒤표지에 있습니다.
잘못된 책은 구입하신 곳에서 교환하여 드립니다.